뉴스가 어렵고 숫자에 약해도
이 정도만 알면 되는 경제학 만화

일러두기 ──
외국의 인명은 국립국어원의 표기를 따르는 것을 원칙으로 했으나, 관용적으로 굳어진 인명의 경우 널리 알려진 대로 표기했습니다.

프롤로그

경제학은 세상을 읽는
강력한 도구다

저는 책의 첫머리를 읽는 걸 좋아합니다. 새로운 만남이 주는 두근거림이 좋고, 무엇보다 그 책이 다루는 문제를 저자가 어떤 시각으로 바라보는지 엿볼 수 있기 때문이죠. 첫머리 몇 줄만으로 저자와 함께 높은 산에 올라, 이제부터 펼쳐질 이야기들을 내려다보는 듯한 느낌이 들기도 합니다.

많은 사람이 경제학이 딱딱하고 재미없는 학문, 혹은 수학을 못하면 이해할 수 없는 너무 어려운 학문이라고 생각합니다. 하지만 그런 경제학 교과서들도 첫머리만 비교해 읽어보면 의외로 흥미롭습니다. 예를 들어, 전 세계적으로 널리 읽히는 그레고리 맨큐의 《미시경제원론》은 이렇게 시작합니다.

"경제economy라는 단어는 '가정을 관리하는 사람'을 의미하는 그리

스어 오이코노모스 oikonomos에서 유래했다."

첫 장의 제목은 "경제학의 10대 원칙"입니다. 시작부터 경제학의 정의와 원칙을 설명하며 외워야 할 내용이 쏟아집니다. 반면, 《괴짜 경제학》의 저자로 잘 알려진 스티븐 레빗이 다른 두 저자와 함께 쓴 《미시경제학》이라는 책은 이렇게 시작합니다.

"페루 셀바 알타 언덕의 아침이다. 해는 이미 몇 시간째 하늘에 걸려 있다."

첫 장부터 한 농부의 일상을 따라가는 장면이 소설처럼 펼쳐집니다(물론 크고 무거운 책을 소설로 착각하기는 쉽지 않습니다). 두 책을 비교해보면 하나는 이론으로, 다른 하나는 이야기로 시작하죠.

책의 첫인상은 책 전체의 성격을 어느 정도 예고합니다. 맨큐의 책은 이론적이고 추상적인 설명이 많고, 레빗의 책은 구체적이고 실증적인 사례가 중심입니다. 어느 한쪽이 더 낫다고 이야기하려는 건 아닙니다. 다만, 그 차이가 무척 흥미롭습니다.

저는 이렇게 두 권 이상의 책을 비교하며 읽는 일이 중요하다고 생각합니다. 그렇게 했을 때 저자들의 시각이 더 선명하게 보이고, 경제학이라는 학문이 단일한 정답이 아니라 다양한 해석과 관점이 경쟁하는 토론의 장이라는 사실을 실감합니다. 그래서 경제학이 재밌다고 생각합니다.

경제학의 재미를 느끼려면 다양한 시각을 접해봐야 하고, 그러려면 경제학 책을 여러 권 읽어야 합니다. 그런데 재미없는 경제학 책을 어떻게 여러 권이나 읽을 수 있을까요?
"경제학을 조금은 덜 딱딱하게, 더 재미있게 소개할 방법은 없을까?" 하는 고민 끝에 탄생한 것이 바로 이 책입니다.
이 책은 우선 경제학을 여러분의 삶 속에 들일 수 있도록 돕고자 했습니다. 만화와 글을 따라 읽다 보면 "이런 것도 경제학이었어?"라는 질문을 던지게 되고, 자연스레 일상 곳곳에 있는 경제학이 보일 겁니다. 그렇게 경제학 공부에 관심이 생긴다면 이 책과 함께 다른 경제학 입문서도 읽어보시길 권합니다. 그러면 어느새 어려운 경제 용어에 막혔던 뉴스가 재미있게 들리고, 세상이 어떻게 돌아가는지 눈에 들어올 겁니다.

이 책의 메인 캐릭터는 문어 괴물입니다. 경제학 만화를 그려보겠다고 마음먹고, 제목을 구상하던 중 '돈'과 '만화'가 들어간 단어를 찾다가 '돈데크만'이라는 이름이 떠올랐습니다. '돈데크만'은 1990년대에 꽤 인기를 끌었던 〈시간탐험대〉라는 애니메이션에 나오는 캐릭터입니다. 그 이름에서 '돈이 대학원에 가서 크툴루 교수를 만난다'는 아이디어가 떠올랐습니다. '크툴루'는 1920년대 미국 공포 소설에 나오는 괴물인데요. 크툴루가 처음 등장한 소설 제목인 《크툴루의 부름The Call of Cthulhu》을 패러디해 만화 제목을 〈C 교수가 부른다〉라고 지었고, 2021년 9월부터 2022년 9월까지 인스타그램에 연재했습니다. 이 책은 그 만화를 다듬고, 부족한 설명을 글로 보완해 엮은 책입니다.

경제학이 낯선 독자분들이 이 책을 통해 경제학을 좀 더 재미있고 편하게 둘러볼 수 있기를 바랍니다. 그리고 그 과정을 통해 여러분이 삶 속에 숨어 있는 경제학을 발견하고, 경제학을 더 친근하게 느끼게 된다면 더 바랄 나위가 없겠습니다.

자, 그럼 문어 괴물 C 교수와 함께 이 여정을 시작해볼까요?

Contents

프롤로그 경제학은 세상을 읽는 강력한 도구다 … 4

PART 01
이런 것도 경제학이라고?

1화. 복수는 나의 힘…이 아니라 사회의 힘? … 14
왜 손해를 보면서도 복수하려고 할까? … 23
〔똑똑 배경지식〕 인간은 이기적이고 합리적인 존재일까? … 27

2화. 어렵게 입사했는데 퇴사하고 싶어요 … 29
사람들은 왜 의미 있는 일을 하고 싶어 할까? … 38
시장이 하지 않는 일은 누가 할까? … 41

3화. 공부하라는 잔소리 속 경제 원리 … 44
왜 어떤 부모들은 자녀를 더 엄격하게 교육할까? … 52
〔똑똑 배경지식〕 경제학이 알려주는 공부 비결 … 56

PART 02
부자가 되려면 경제학이 필수라고?

4화. 투자 초보자가 망하는 3단계 과정   60

우리가 주식 앞에서 이성을 잃는 이유는?   69

똑똑 배경지식 노벨경제학상을 수상한 심리학자   72

5화. 주식으로 돈 버는 가장 쉬운 방법   74

성공하는 주식 포트폴리오 어떻게 만들까?   82

나에게 맞는 투자법, 어떻게 찾을까?   86

6화. 오징어 게임? 아니, 부동산 게임   92

부동산이 금리에 민감한 이유는 뭘까?   101

전세 제도는 계속 유지될 수 있을까?   105

7화. 알바비를 코인으로 받으면 어때?   109

비트코인은 돈이 될 수 있을까?   119

PART 03
대중문화에도 경제학이 숨어 있다고?

8화. 세계적인 K-pop 스타의 성공 공식   126

왜 시장이 커질수록 소수만이 스타가 될까?   136

<mark>똑똑 배경지식</mark> 경제를 움직이는 짝꿍과 라이벌   140

9화. 인플루언서가 되고 싶은데 팔로워가 안 늘어요   141

유명한 사람이 더 쉽게 유명해지는 이유는 뭘까?   150

10화. 사람들이 가짜 뉴스를 듣고 싶어 한다고?   153

뉴스 시장에서 승리하는 건 진실일까, 거짓일까?   161

정치 뉴스 소비자들은 왜 믿고 싶은 것만 믿을까?   165

PART 04
경제학으로 미래를 예측한다고?

11화. AI 시대, 인간은 대체 뭐 해 먹고 사나?   170

인간과 AI는 공존할 수 있을까?   179

데이터는 기업의 것인가, 소비자의 것인가   183

12화. 부루마블은 원래 불공정한 게임이야   187

일은 열심히 하는데 왜 가난할까?   197

경제적 지대 문제에 대한 한 가지 해결책   200

13화. 최저임금이 오르면 정말 실업률이 높아지나요?   204

최저임금은 시장에 어떤 영향을 미칠까?   212

(똑똑 배경지식) 경제학에서도 실험이 필요한 이유   218

14화. 도대체 세상이 왜 이렇게 불평등한지 아시는 분?   220

왜 부자만 계속 부자가 될까?   230

진짜 부자와 고연봉자의 차이는 뭘까?   233

참고 자료   236

PART 01
이런 것도 경제학이라고?

1화. 복수는 나의 힘…이 아니라 사회의 힘?

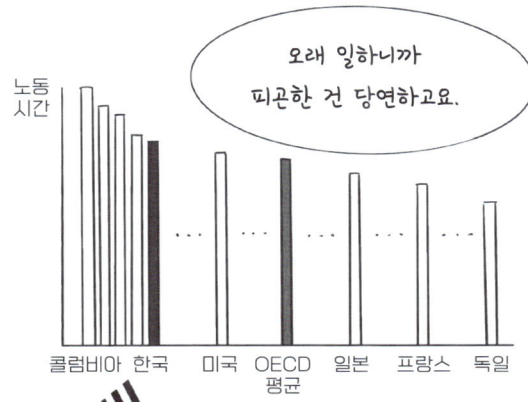

✦OECD 국가 중 노동 시간 5위

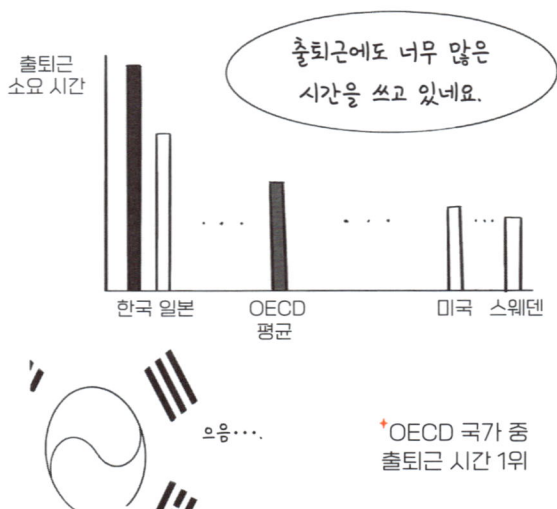

아르민 팔크(1968~)
독일의 경제학자

경제적 행동을 이해하기 위해서는 우선 경제적 선호를 이해해야 합니다. 저와 제 동료들은 76개국 사람들의 경제적 선호를 조사했습니다.

부정적 호혜성이라… 내가 당하고는 못 사는 성격이긴 하지. 불의를 못 참기도 하고….

근데 그게 피곤한 거랑 뭔 상관?

에른스트 페르(1956~)
오스트리아·스위스의 경제학자

부정적 호혜성은 집단의 규범을 유지하고 강화하는 힘입니다. 시간과 노력, 비용을 들여서라도 규범을 어긴 사람들을 처벌하려는 성향이니까요.

완전히 이기적인 개인들은 누군가 규범을 위반해도 자신의 시간과 노력을 들여 그를 처벌하지 않습니다. 다른 누군가가 그를 혼내주길 바라고만 있겠죠.

하지만 부정적 호혜성이 강한 사람들은 그 위반자를 처벌합니다. 그로 인해 자신이 좀 손해를 보게 되더라도요. 그런 사회의 사람들은 감히 규범을 위반하려고 하지 않겠죠.

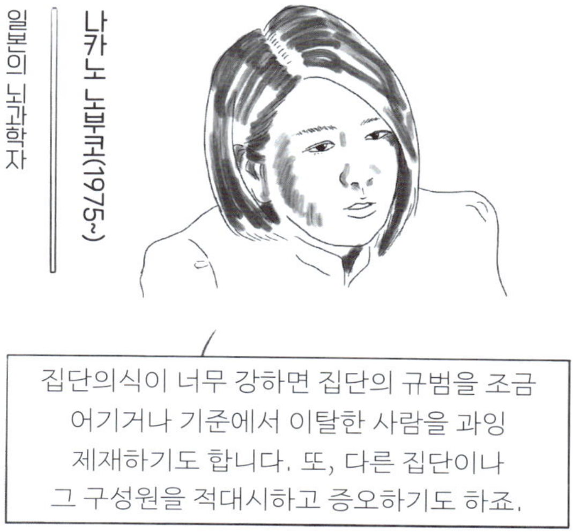

일본의 뇌과학자

나카노 노부코(1975~)

집단의식이 너무 강하면 집단의 규범을 조금 어기거나 기준에서 이탈한 사람을 과잉 제재하기도 합니다. 또, 다른 집단이나 그 구성원을 적대시하고 증오하기도 하죠.

음, 확실히 온갖 규범과 사회가 정해놓은 길에서 이탈하지 않으려고 항상 노력하는 건 엄청 피곤한 일이에요.

과도한 유행 추종, 회식 강요

군기 잡기, 연대책임

끄덕

그래서… 그럼 처방은 뭐죠?

……

왜 손해를 보면서도
복수하려고 할까?

아르민 팔크와 동료 연구자들이 2018년에 발표한 연구에 따르면, 한국은 국민의 부정적 호혜성 negative reciprocity 이 76개 국가 중 두 번째로 강한 나라입니다. 가장 강한 나라는 크로아티아였습니다. 부정적 호혜성이 강하다는 건 어떤 의미일까요?

호혜성은 '받은 대로 돌려주려는 성향'입니다. 긍정적 호혜성은 나에게 잘해준 사람에게 잘해주려는 성향이고, 부정적 호혜성은 나에게 피해를 준 사람에게 되갚아주려는 성향이죠. 우리가 일상에서 쓰는 말 중에서 부정적 호혜성과 가장 비슷한 단어는 아마 복수심일 것 같아요. 그러니까 우리나라 사람들은 복수심이 강한 사람들이라는 뜻입니다(이건 한 연구 결과일 뿐 절대적 진실은 아니라는 점을 명심해주세요).

복수심 강한 사람들이 많은 사회는 어떤 모습일까요? 피가 피를 부르는 사회, 파괴적인 복수가 일상에서 빈번한 세상일까요? 아니요. 오히려 그 반대일 겁니다. 서로 예의 바르게 대하면서 상대의 기분이 상하지 않게 조심할 가능성이 큽니다. 내가 자칫 잘못해서 상대의 기분이 상하면 상대가 내게 복수를 다짐할 수도 있으니까요. 그래서 오히려 그 사회는 대체로 평화롭고 사회적 협력이 잘 이뤄질 겁니다. 왜 그런지 한번 생각해볼까요?

함께 노력하면 사회 전체가 이득을 보지만, 노력하지 않는 것이 개인적으로는 더 이득인 상황이 있습니다. 경제학자들은 이런 상황을 '사회적 딜레마'라고 부릅니다. 협력하면 모두가 이익을 얻을 수 있는 상황에서 자신의 이익만을 고려해 결국 모두 함께 불리해지는 상황을 일컫는, '죄수의 딜레마'의 확장판이라고 할 수 있습니다.

에른스트 페르와 사이먼 게흐터는 그들의 연구를 통해 사회적 딜레마 상황에서 부정적 호혜성이 태만과 배신을 방지하여 서로 간의 협력을 촉진할 수 있다고 주장했습니다. 사회적 딜레마 상황에서 태만하게 행동하거나 배신하는 사람을 처벌하면 협력이 더 잘 이뤄진다는 건 누구나 쉽게 예상할 수 있습니다. 문제는 잘못을 범한 누군가를 직접 처벌하는 일이 어려운 일이라는 겁니다. 상대를 다치게 하려면 나도 다칠 각오를 해야 합니다. 큰 에너지(비용)가 드는 일이죠. 이기적이고 합리적인 사람은 굳이 그 비용을 감수하면서까지 배신자를 처벌하려고 하지 않을 것입니다. 하지만 복수심이 강한 사람은 그 비용을 감수하고서라도 처벌합니다. 결과적으로 복수심이 사회의 단합을 이끌어내는 것이죠.

눈치 보기에 숨은 경제 원리

잠시 코로나19가 유행하던 시절로 돌아가보죠. 한국은 마스크 쓰기, 사회적 거리 두기, 손 씻기 등 철저한 개인 방역에 힘입어 모범적으로 코로나19를 극복했습니다. 전 세계 사람들의 부러움을 샀죠. 마스크 쓰기나 사회적 거리 두기와 같은 행동은 사회적으로는 바람직하지만, 개인적으로는 불편한 일입니다. 그렇기에 이것도 일종의 사회적 딜레마 상황으로 볼 수 있습니다.

많은 사람이 방역 수칙을 잘 지킨 이유는 마스크를 쓰지 않으면 주변의 눈총을 받아야 했기 때문일 겁니다. 마스크를 안 썼다고 시비가 붙고 몸싸움이 발생하는 일도 종종 있었죠. 경제학의 관점에서는 마스크를 쓰지 않은 사람에게 뭐라고 하는 건 제법 큰 에너지가 드는 일이고, 이기적이고 합리적인 사람이라면 하지 않을 일입니다. 하지만 우리나라 사람들은 달랐죠. 우리가 코로나19를 잘 극복할 수 있었던 건 마스크를 안 쓴 사람에게 자신의 에너지를 쓰면서까지 마스크를 착용하라고 지적한 사람들 덕분이 아니었을까요?

이처럼 부정적 호혜성은 사회규범을 강화하는 효과가 있습니다. 하지만 강한 부정적 호혜성에는 부작용도 있습니다. 어떤 규범을 위반하는 것이 마치 그 규범을 따르는 집단을 공격한 것처럼 여겨지면 그 구성원의 복수심을 자극하게 됩니다. 복수심에 불타는 집단 구성원들은 규범 위반자를 어떤 방식으로든 처벌하려고 할 겁니다. 그 결과 규범을 위반하기가 더 어려워지고 규범은 강화됩니다.

사회규범 중에는 윤리적으로 타당한 규범도 있지만, 인도의 카스트 제도처럼 개인을 억압하고 불평등을 고착화하는 규범도 있습니다. 그렇게 사회규범이 강해지면 개인의 자유가 위축될 수 있습니다. 무얼 하든 타인의 시선을 신경 쓰게 됩니다. 타인의 기준에 맞춰 살아가는 건 쉽지 않은 일이죠. 피곤한 일입니다. 그래서 어쩌면 우리에게는 조금 더 강한 개인주의, 타인의 시선에 대한 무관심, 더 많은 다양성을 허용하는 문화가 필요할지도 모르겠습니다.

똑똑해 보이고 싶을 때 읽는 배경지식

인간은 이기적이고 합리적인 존재일까?

#행동경제학 #사회적 선호

인간의 타고난 본성은 이기적일까요, 이타적일까요? 이 질문은 철학자뿐만 아니라 경제학자들에게도 중요합니다. 근현대 경제학은 인간이 '이기적이고 합리적인 존재' 즉 호모에코노미쿠스homo economicus라는 가정 아래 경제행위를 이해하려 했습니다. 그 방식은 많은 성과를 거두기도 했죠. 하지만 현실적으로 사람들은 종종 이 가정에 맞지 않는 '이상' 행동을 보였습니다.

　예를 들어, 겨울에 폭설이 내리자 눈삽 판매자는 평소 1만 원이던 가격을 5만 원으로 올렸습니다. 이때 구매자가 '이기적이고 합리적'이라면 눈삽을 구입할 겁니다. 눈이 녹기를 마냥 기다리기보다, 빨리 치우는 것이 더 좋은 선택이니까요. 하지만 현실에서는 많은 구매자가 이런 거래를 거부합니다. 판매자들도 애초에 가격을 그렇게까지 크게 올리지 않습니다. 사람들은 단순히 손익계산만 하는 게 아니라 거래의 공정성도 고려하기 때문입니다.

　이런 현실을 설명하기 위해 등장한 것이 행동경제학behavioral economics입니다. 행동경제학자들은 경제행위와 관련한 다양한 심리적 경향에 관해 연구했습니다. 이타심, 질투심, 공정성, 인정 욕구 같은 심리적 경향에 관한 연구가 활발히 이뤄졌죠. 그 결과, 눈삽 구입을 거부한 구

매자의 행동이 특수하고 일시적인 '이상' 행동이 아니라 일관되고 일반적인 '정상' 행동임이 밝혀졌습니다.

   경제학에서 인간이 '호모에코노미쿠스'라는 확립된 믿음을 넘어서기까지는 많은 시간과 노력이 필요했습니다. 그 결과 오늘날 경제학자들은 인간은 상황에 따라 이기적일 수도, 이타적일 수도 있다는 결론을 내렸습니다. 이처럼 경제학은 인간을 더 깊이 이해하고, 그걸 바탕으로 더 나은 사회를 만들기 위한 학문입니다. 경제학이 숫자만 다루는 학문이 아니라는 점을 알고 보면 참 매력적이지 않나요?

2화. 어렵게 입사했는데 퇴사하고 싶어요

"출근하기가 싫어요."

"너무 피곤하고··· 제가 하는 일이 전부 무의미한 것 같아요. 힘들게 입사했지만 그만두고 싶어요."

"죄송해요. 졸업하고 2년 만에 찾아와서··· 이런 얘기는 주변에 할 수가 없어요. 아직 취직 못 한 친구도 많아서···."

"그래, 잘 왔다. 괴로울 땐 한 걸음 물러서서 상황을 보는 게 도움이 될 수 있어."

"그리고 대학원의 길은 항상 열려 있어."

일은 현대인에게 너무나도 중요하고, 사람들은 일에 대해 상반된 감정과 견해를 갖고 있어.

구직자에겐 취직이 소원이지만,

직장인에겐 퇴직이 소원이라지.

우리는 일이 하고 싶은 걸까, 하기 싫은 걸까?

천천히 개념부터 정리해볼까?

노동은 그 반대 개념인 여가와 어떻게 다르지?

글쎄요… 갑자기 물어보시니까… 음… 노동은 하기 싫은데 돈 벌려고 하는 거?

여가는 편하고 좋은데 딱히 쓸모 있는 활동은 아니고….

내가 갑자기 왜 이런 고민을….

좋아, 그럼 이렇게 정리하면 될까?

	노동	여가
목적	하기 싫은데 돈 벌려고 (생계유지)	즐거움 휴식 행복 추구
쓸모	유용하고 의미 있음	(고용주에겐) 쓸모없음

결론부터 말하자면 이런 통념은 여러모로 현실과 맞지 않아.

우선 노동의 목적부터 따져볼까?

인간에게 노동의 유일한 목적이 정말 돈일까?

미국의 경제학자 아비지트 배너지(1961~)

"기본적인 생활이 가능한 수준의 보편 기본소득이 주어지면, 당신은 일을 그만두시겠습니까?"라는 질문에 대다수의 응답자는 아니라고 했습니다.

이에 반해 "다른 사람들은 일을 그만둘 것"이라고 예측했어.

자기는 아니지만 '다른 사람들'은 돈 때문에 일한다고 생각한 거지.

그렇다면 사람들이 노동하는 데 다른 목적이 있다는 건데···.

폴 돌런(1968~)
영국의 심리학자

행복은 균형의 문제입니다. 즐거움을 주는 활동과 목적의식이 있는 활동이 균형을 이뤄야 하죠. 저는 이걸 즐거움-목적의식 원칙이라고 부릅니다.

> 즐거움을 추구하는 활동을 너무 많이 하고 있다면, 그 활동을 줄이고 목적의식 있는 활동을 늘리면 더 행복해질 겁니다. 반대로 목적의식 있는 활동의 비중이 크다면 휴식과 같은 즐거움을 더 추구해야겠죠.

> 노동은 그저 돈을 벌기 위한 수단이 아닙니다. 일은 목적의식, 소속감, 존엄성을 느끼게 해줍니다. 이것들이 부족하면 불행해지죠.

> ···그러네요. 일은 돈 벌기 위한 수단이니까 더럽고, 치사하고, 무의미해도 그냥 하는 거라고 생각했어요.

> 인생 대부분의 시간을 차지하는 중요한 활동인데····

> 그렇게 중요한 일이 괴롭게만 느껴지는 건 ① 상사, 동료와의 관계가 좋지 않거나

> ② 업무가 적성에 안 맞거나 무의미한 일이기 때문이지.

맞아요! 무의미한 일!

미국의 인류학자 데이비드 그레이버 (1961~2020)

> 많은 사람이 효율적이라고 믿고 있는 현대 경제에도 무의미한 일을 위해 고용된 사람들이 많습니다. 저는 그런 직업을 '불쉿 잡 bullshit job'이라고 부릅니다.

> 대략 20~30%의 노동자가 자신의 일이 완전히 무의미하다고 느낀다고 합니다. 그리고 그런 사람 중 상당수는 심한 스트레스에 시달리다 퇴사합니다.

> 이 사람을 중요한 사람처럼 보이게 하는 업무…

> 바쁘지 않은 건 좋은데…

> 괴로워.

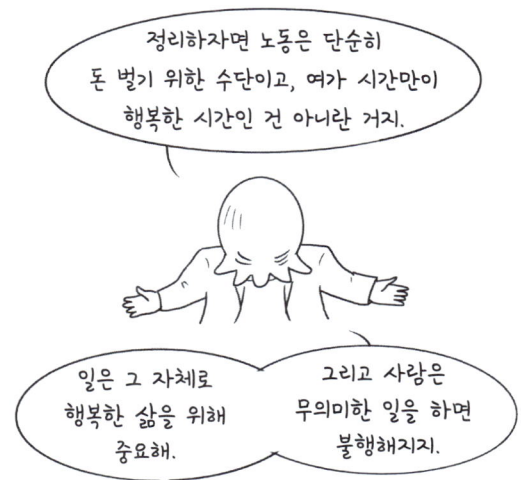

미국의 경제학자 에스테르 뒤플로(1972~)

좋은 일자리는 돈이 줄 수 없는 목적의식,
소속감, 존엄성 등을 제공합니다. 그러므로
좋은 노동의 기회가 더 많은 이에게 주어지도록
정부의 적극적인 일자리 정책이 필요합니다.

그런 적극적인 일자리 정책의 예로
서울시에서 시행했던 '권리중심 중증장애인 맞춤형
공공일자리 사업'이 있지.

사업명이 왜 이렇게 기냐.

장애인들, 특히 중증장애인들은 노동시장에서 차별받고 배제되어 왔지.

그런 이들이 목소리 내어 노동할 권리를 스스로 실현한 사례야.

일자리

사람들은 왜 의미 있는 일을 하고 싶어 할까?

마크 트웨인의 소설《톰 소여의 모험》에는 톰이 친구들을 속여 울타리에 페인트칠하게 만드는 이야기가 나옵니다. 장난꾸러기 톰은 울타리에 페인트칠하는 벌을 받고 있었습니다. 지나가던 친구 벤이 톰의 처지를 비웃자, 톰은 페인트칠이 재밌어서 그 일을 하고 있다고 속이죠. 그 말을 들은 벤이 자기도 하고 싶다고 했지만, 톰은 거절합니다. 벤은 톰에게 사과를 주고서야 겨우 페인트칠을 할 기회를 얻게 됩니다. 그 후로도 그곳을 지나가던 친구들은 톰에게 속아 먹을 것, 장난감 등을 주고 울타리에 페인트칠을 하게 됩니다. 그 친구들은 페인트칠하는 동안 어떤 감정을 느꼈을까요? 즐거웠을까요, 아니면 괴로웠을까요? 이들은 노동을 한 걸까요, 놀이를 한 걸까요?

사람들은 흔히 노동과 여가를 반대 개념으로 생각합니다. 노동은 힘들지만 삶을 영위하기 위해 어쩔 수 없이 하는 것이고, 여가는 그 반대로 여기죠. 이 둘은 흰색과 검은색처럼 분명하게 구분되는 것 같지만, 둘 사이의 경계는 의외로 유동적입니다.

우선 우리는 일터에서 하는 많은 일을 취미로도 할 수 있습니다. 예를 들어 돈을 벌기 위해 집을 짓거나 요리하거나 책을 쓸 수 있지만, 그 일을 재미 삼아 할 수도 있습니다. '여가'라고 하면 고된 노동의 반대인 '휴식'을 떠올리기 쉽지만, 여가 시간에 하는 일 중엔 꽤 노력이 필요한 일도 많습니다. 예를 들어 게임을 하거나 책을 읽는 일은 생각보다 상당한 노력이 필요합니다. 물론 게임과 책의 종류에 따라 다르고, 본인은 노력하지 않는다고 느낄 수도 있겠죠. 이렇듯 여가 시간에 하는 많은 활동은 (휴식과 달리) 꽤 많은 에너지를 필요로 합니다. 당사자가 느끼지 못할 뿐이죠.

노동과 여가의 기준은 뭘까?

노동과 여가를 일정 기준에 따라 구분하기는 어렵습니다. 흔히 월급 받고 하는 일은 쓸모 있는 일이라고 생각하지만, 월급을 받으면서 쓸모없는 일을 하는 경우도 많습니다. 인류학자 데이비드 그레이버가 영국 직장인을 대상으로 한 조사에 따르면, 스스로 쓸모없는 일을 한다고 느끼는 노동자가 전체의 20~30%나 되었다고 합니다. 더 자세히 연구해볼 필요가 있지만, 돈 받고 하는 쓸모없는 일(이른바 '불쉿 잡')이 아주 적진 않은 거라고 봐도 되겠죠? 반대로 돈을 벌진 못하지만, 쓸모 있는 일도 많습니다. 다양한 자원(봉사) 활동이 대표적이죠.

또 노동이 꼭 힘들고 괴로운 것만은 아니고, 여가가 항상 즐겁고 행복한 건 아닙니다. 일에서 보람과 행복을 느낄 수도 있습니다. 자신의 일을 더 잘하기 위해 노력해서 결국 더 잘 해냈을 때 느끼는 성취감은 삶의 원동력이 되기도 합니다.

울타리에 페인트칠하는 건 노동일 수도, 놀이일 수도 있습니다. 노동과 여가를 개념적으로 구분하긴 쉽지만, 현실에서는 명확하게 둘로 나뉘지 않는 거죠. 둘 사이에 그어진 경계선은 시대, 사회와 상황에 따라 달라질 수 있습니다. 기술과 가치관이 빠르게 변하는 요즘, 우리는 노동과 여가의 관계를 어떻게 바라보고, 어떤 일로 삶의 의미를 채워갈 수 있을지 함께 고민해야 합니다.

시장이 하지 않는 일은 누가 할까?

어느 날, 새로운 일 하나를 맡게 되었다고 해봅시다. 그 일이 쓸모 있는 일이라면 여러분은 돈을 벌 수 있을 겁니다. 그 일이 누군가에게 혜택이나 즐거움을 주는 일이라면, 그 혜택을 받는 사람이 돈을 내려고 할 테니까요. 이렇듯 자본주의 경제에선 어떤 일로 돈을 벌 수 있는지 보면 그 일이 쓸모 있는 일인지, 아닌지 알 수 있습니다. 그런데 혜택을 받는 사람이 돈을 안 내려고 하면 어떻게 될까요?

예를 들어 여러분이 재밌는 만화를 그려서 온라인 커뮤니티에 올렸다고 해보죠. 많은 이가 그걸 보고 즐거워해도 여러분은 심리적인 만족감 외엔 아무것도 얻지 못합니다. 사람들은 돈을 내지 않아도 볼 수 있는 만화를 보기 위해 굳이 돈을 쓰지는 않거든요. 돈을 낸 사람만 만화를 볼 수 있도록 해야 돈을 벌 수 있겠죠. 그러니까 어떤 일이 쓸모 있다고 무조건 돈을 벌 수 있는 게 아니라 쓸모와 혜택의 범위를 제한해야 돈을 벌 수 있습니다.

바꿔 말하면, 혜택의 범위를 제한하기 어려운 일을 하면 돈 벌기가 어렵습니다. 예를 들어 기후 위기를 해결하기 위한 활동은 많은 사람에게 혜택을 주는 일입니다. 기후 위기에 취약한 환경에 사는 사람들을 돕거나 기후 위기의 심각성을 알리려는 활동이 그러하겠죠. 이 활동을 하는 사람들 덕에 기후 위기가 해결된다면 그 혜택은 지구상의 모든 사람이 누릴 수 있습니다. 다시 말해 이런 혜택은 누가 돈을 냈는지에 따라 제한하거나 차별할 수 없다는 겁니다.

다른 예시도 들어볼까요. 장애인이 시민의 권리를 온전히 누릴 수 있도록 하는 인식 개선과 제도 개혁은 많은 장애인에게 혜택을 주는 좋은 일입니다. 하지만 이 일을 했다고 해서 금전적 대가를 기대하긴 어렵습니다. 왜냐하면 그러한 노력으로 인해 혜택을 받을 장애인은 많고, 돈을 냈는지에 따라 장애인을 차별할 수는 없기 때문이죠. 두 가지의 경우처럼, 이 세상에는 쓸모 있어도 노력한 만큼 금전적 대가를 온전히 받기 어려운 일이 많습니다.

사회에 꼭 필요하지만, 시장은 할 수 없는 일

이런 일에 대해선 정부가 금전적 대가를 제공하는 게 바람직합니다. 시장에 맡기면 불충분하게 공급되는 재화와 서비스를 정부가 책임지고 공급하는 것입니다. 이러한 재화와 서비스에는 공원, 도로, 교각 등의 공공재와 공공 행정, 환경 미화, 보건 의료, 치안 유지 등의 공공서비스 등이 있습니다.

정부는 공공서비스를 제공하기 위해 일자리도 제공합니다. 우리나라의 경우 전체 일자리 중 10% 정도가 공공부문 일자리입니다. 초·중·고등학교 선생님, 공공도서관 사서, 보건소 직원, 경찰관, 소방관부터 국립공원 관리인, 장애인 돌봄센터 직원 등 많은 공공부문 일자리에 속한 사람들이 우리 주변에서 일하고 있죠.

정부가 어떤 일을 맡고, 얼마나 많은 일자리를 제공해야 하는지에 대해서는 사람마다 생각이 다릅니다. 어떤 서비스는 혜택이 필요한 사람에게만 줄 수 있지만, 어떤 서비스는 모두에게 열려 있을 수밖에 없기 때문이죠. 그리고 혜택을 제한하는 것이 옳은지에 따라 공공서비스가 꼭 필요한지에 대한 판단도 달라질 수 있습니다.

우리 삶에 무엇이 꼭 필요한지에 대한 가치관도 공공서비스의 필요성을 논의하는 데 중요합니다. 이러한 가치관은 시대에 따라 변하기 마련이죠. 게다가 요즘에는 인간이 하던 많은 일을 AI와 로봇이 대신하고 있습니다. 인간은 소득과 함께 지금까지 노동이 제공하던 목적의식, 소속감, 존엄성도 잃을 위험에 처해 있는 거죠.

앞으로는 사회에 쓸모 있는 일이 무엇인지 판단하고, 시장이 감당할 수 없는 일을 어떻게 책임질지를 논의하는 게 점차 중요해질 것입니다. 우리가 어떤 삶을 가치 있게 여기고, 어떤 사회에서 살아가고 싶은지 스스로에게 묻는 일부터 시작해보면 어떨까요?

3화. 공부하라는 잔소리 속 경제 원리

"제가 가르친다고 가르쳤는데 많이 부족합니다."

"아, 엄마··· 이제 가요."

"네, 그럼 이만"

"네, 살펴 가세요~"

"앗, 엄마!"

"우리나라 엄마들은 자식 사랑이 좀 유별난 거 같아요."

"왜 그럴까요?"

"뭐, 우선 역사·문화적 요인이 크겠지."

아이영아(1965~) 정신건강의학과 의사

"오랫동안 우리나라 엄마들은 자식을 위해 자신을 희생해야만 존중받을 수 있었어요. 그래서 아이를 잘 자라나게 할 의무가 있다고 느끼는 것 같아요."

"요새 엄마들은 급변하는 환경 속에서 최선의 양육 방식이 무엇인지 고민하고 있어요. 당연히 불안할 수밖에 없죠. 유별난 자식 사랑은 그 불안감의 표출일 수도 있어요."

"사회가 변하면 가치관도, 부모의 역할도 변하는 거겠죠."

"앞으로는 우리나라 부모들도 자녀의 자율성을 존중하는 스타일로 바뀔까요, 서양처럼?"

"글쎄, 트렌드를 보면 꼭 그런 것 같진 않은데···."

"먼저 어떤 양육 방식이 있는지 한번 알아보자고."

미국의 심리학자 다이애나 바움린드 (1927~2018)

"저는 통제의 정도를 기준으로 양육 태도를 세 가지로 나눴습니다. 한쪽 끝에는 명령과 규율로 자녀를 통제하는 독재형이 있습니다. 허용형은 그 반대죠."

권위형은 독재형과 허용형의 중간입니다. 자녀의 선택에 개입하되 명령하지 않고 설득합니다. 사실상 아무것도 하지 않는 방임형도 있지만 그건 논외로 하죠.

	자녀에게 반응함	자녀에게 반응하지 않음
자녀의 선택에 개입함	권위형	독재형
자녀의 선택에 개입하지 않음	허용형	방임형

거칠게 말하자면 전통사회 혹은 동아시아 국가에서 흔히 볼 수 있는 게 독재형,

1960~1970년대 미국과 서유럽에서 유행했던 게 허용형이라고 할 수 있겠지.

재밌는 건 1980년대부터 서양의 많은 나라에서 권위형, 독재형 양육이 증가했다는 거야.

'헬리콥터 부모'라는 말도 유행하고

아니, 왜요?!

독일의 경제학자 마티아스 도프케

저와 파브리지오 질리보티는 양육 방식이 경제적 불평등, 특히 노동 소득의 불평등에 큰 영향을 받는다는 것을 발견했습니다.

20세기 후반 경제적 불평등이 심해진 나라(예를 들어 미국)에선 권위형, 독재형 양육이 증가했지만, 경제적 불평등이 낮은 상태로 유지된 나라(예를 들어 스웨덴)에선 그렇지 않았습니다.

아임 왓칭 유

다치지만 말아라

허… 경제적 불평등이라니…. 생각도 못 했어요.

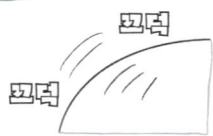

끄덕 끄덕

파브리지오 질리보티 (1964~)
이탈리아의 경제학자

> 의외일 수는 있지만 잘 생각해보면 그리 놀라운 일은 아니죠. 부모는 자녀를 사랑하고, 자녀의 미래를 위해 주어진 제약하에서 최선의 선택을 합니다. 양육 방식의 선택도 마찬가지예요.

> 부모는 자식의 미래에 도움이 되는 선택을 하고 싶어 하지만, 미성년 자녀에겐 현재의 즐거움이 더 중요하죠. 이러한 대립이 있을 때 부모가 자신의 선택을 우선시하는 게 권위형 혹은 독재형 양육 방식입니다.

교육의 수익률이 높은 사회, 즉 얼마나 교육받았는지에 따라 연봉이 크게 차이 나는 사회에선 부모들이 자식의 미래의 행복을 위해 현재의 행복을 희생하는 선택을 할 겁니다.

부모 자식 관계는 그냥 가정 문제가 아니네요.

그래서 부모 자식 관계가 어려워지는 걸지도 몰라.

그래도 이러한 맥락을 이해하면 서로를 더 잘 이해할 수 있겠지.

왜 어떤 부모들은
자녀를 더 엄격하게 교육할까?

우리나라의 교육제도는 주기적으로 바뀌어왔습니다. 제도가 바뀌면 교육과정, 교과서, 입시 제도도 함께 달라지죠. 하지만 변하지 않는 것이 하나 있습니다. 바로 초중고 교육이 대학 입시를 위한 긴 과정이라는 사실입니다.

　우리나라 국민의 대다수는 좋은 대학을 졸업해야 좋은 인생을 살 수 있다고 믿는 듯합니다. 대학이 서열화되어 있고 모두가 좋은 대학에 들어가고 싶어 하는 한, 아무리 초중고 교육과정과 입시 제도를 바꿔도 궁극적인 문제는 해결되지 않을 가능성이 높습니다. 청소년들은 오로지 입시가 목적인 공부에 숨이 막히고, 학부모는 사교육비 부담에 허리가 휘며, 입시 제도의 공정성에 대한 논란은 끝나지 않겠죠.

교육 문제는 단지 교육만의 문제가 아닙니다. 교육 문제는 일자리 문제입니다. 좋은 일자리가 많은 청년에게 제공된다면, 그래서 고등학교 때 시험을 잘 본 사람과 그러지 못한 사람의 임금 격차가 그렇게 크지 않다면, 우리나라의 교육 문제는 지금보다 훨씬 덜 심각한 문제가 될 겁니다.

교육 문제는 대기업과 중소기업 간의 격차 문제이기도 합니다. 두 기업의 일자리는 임금과 안정성 면에서 큰 차이를 보입니다. 그래서 많은 청년이 대기업에 입사하기 위해 취업을 미루면서까지 계속 '취업 준비'를 하는 거겠죠. 또 교육 문제는 지역 격차 문제입니다. 우리나라의 여러 지역이 고르게 살기 좋은 환경이라면, '인서울' 대학과 직장에 들어가기 위해 지금처럼 경쟁하지 않았을지도 모릅니다. 이렇듯 교육 문제는 우리나라 경제의 구조적 문제와 긴밀하게 얽혀 있습니다.

좋은 대학에 입학하기 위한 과도한 경쟁은 비단 우리나라만의 문제는 아닙니다. 2019년, 미국에서 일부 부유한 학부모들이 자녀를 명문 대학에 보내기 위해 컨설턴트를 통해 입시 비리를 저지른 사건이 터졌습니다. 이 사건은 미국을 뜨겁게 달궜습니다. 비리를 저지른 일당은 약 16억 원을 주고 시험 감독관을 매수해 대리 시험을 보거나 답안지를 바꿔치기하도록 했습니다. 또 체육 감독을 매수해서 체육 교육을 제대로 받아본 적도 없는 학생을 체육 특기자로 둔갑시키기도 했습니다. 명문대 입학을 향한 욕망이 아주 추한

형태로 드러난 사건이었죠.

　명문대 입학을 향한 미국인들의 열망을 보여주는, 덜 극적인 사건도 있습니다. 2011년, 중국계 미국인 작가이자 예일대 교수인 에이미 추아가 쓴 책《타이거 마더》가 선풍적인 인기를 끈 일이었죠. 이 책은 자녀의 성공, 그러니까 명문대 입학을 위해서는 엄격한 '호랑이 엄마'가 되어야 한다는 주장을 담고 있습니다.

불평등과 양육 방식의 상관관계

경제학자 마티아스 도프케와 파브리지오 질리보티는 2017년, 발표한 논문에서 국가 간 비교를 통해 양육 방식과 경제적 불평등의 상관관계를 밝혔습니다. 1980년대 이후 경제적 불평등(특히 노동 소득의 불평등)이 심해진 국가에서는 '호랑이 엄마'처럼 독재형(혹은 권위형) 양육 방식을 따른 부모가 증가했습니다. 미국이 대표적인 나라였죠. 반면 경제적 불평등이 심해지지 않은 나라(예를 들어, 스웨덴)에서는 허용형 양육 방식이 훨씬 일반적으로 나타났습니다.

　이러한 분석을 바탕으로 두 경제학자는 경제 구조가 부모-자식 관계에 영향을 미친다고 보았습니다. 좋은 대학을 나온 사람과 그렇지 않은 사람의 임금 격차가 커지니 부모들은 자식을 좋은 대학에 보내기 위해 더 엄하게 교육한다는 것이죠. 더 많은 지원을 해 줄 수 있는 부유한 학부모의 자식들이 좋은 대학에 갈 확률이 더 높다는 사실에도 우려를 표했습니다. 경제적 불평등이 대물림될 수 있다는 것이죠.

　앞서 교육 문제는 그저 교육만의 문제가 아니라고 했습니다. 그렇다면 교육 정책이 더는 필요 없다는 뜻일까요? 그렇지 않습니다. 분명 더 나은 교육제도와 덜 좋은 교육제도는 있습니다. 그러니 우리는 앞으로 사회·경제적 배경과 관계없이 공정한 기회가 보장되고, 개개인이 각자의 속도로 성장할 수 있는 교육제도를 만들어가야 합니다. 이와 동시에 우리나라 경제의 구조적 문제를 개선하기 위한 관심과 노력도 필요합니다.

똑똑해 보이고 싶을 때 읽는 배경지식

경제학이 알려주는 공부 비결
#교육경제학 #성과 보상 #행동 보상

경제학은 돈에 관한 학문이라고 생각하는 사람에겐 '교육경제학'이라는 단어가 낯설게 느껴질 수 있습니다. 교육과 경제학이라니? 하고 말이죠. 하지만 개인의 소득이나 국가의 경제성장에 교육이 큰 영향을 미친다는 점을 생각해보면, 경제학자가 교육에 관해 연구하는 것은 자연스러운 일입니다. 실제로 교육경제학은 경제학에서 최근 20~30년간 가장 활발하게 연구된 분야 중 하나입니다. 교육경제학의 연구 중에서 흥미로운 연구 두 가지를 소개해보려 합니다.

첫 번째로, 미국 하버드 대학의 롤런드 프라이어 교수 연구팀은 '성적이 오르면 상을 주는 방식(성과 보상)'과 '공부하면 상을 주는 방식(행동 보상)' 중 어떤 것이 더 성적 향상에 효과적인지 실험했습니다. 그 결과, 공부할 때 보상을 주는 방식이 성적 향상에 훨씬 효과적인 것으로 나타났습니다. 공부 직후 바로 보상을 제공하면 구체적인 행동 방향과 동기가 생깁니다. 그렇게 공부하는 습관이 생기니 자연스레 성적이 오르는 것이죠.

두 번째 연구는 시카고 대학의 제임스 헤크먼 교수 연구팀의 실험입니다. 이들은 유아기에 더 좋은 교육과 돌봄을 받은 아이들이 성인이 되었을 때 더 나은 삶을 살 가능성이 높다는 가정을 40년 넘게 추적 관찰하며 밝혔습니다. 더 좋은 교육이 더 좋은 인생을 살도록 만드는 이

유에는 자기 인지 능력, 사회성, 자제심, 끈기 같은 '비인지 능력'이 큰 영향을 미친다는 점을 강조했습니다. 질 좋은 교육이 좋은 인성과 긍정적인 삶의 태도를 만드는 데 큰 도움이 된다는 거죠.

  이제 교육경제학이 조금 친근하게 느껴지시나요? 우리는 살면서 대체 왜 공부를 해야 하는지 의문을 품고는 하죠. 교육경제학은 이러한 우리의 궁금증에 답을 주고, 더 나은 삶을 만들어가는 데 큰 힘이 되어줄지도 모릅니다.

PART 02
부자가 되려면 경제학이 필수라고?

4화. 투자 초보자가 망하는 3단계 과정

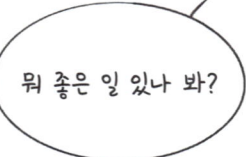

미국의 경제학자 | 리처드 탈러(1945~)

대다수의 사람은 세상만사를 자신에게 유리하게 해석하는 경향(자기본위 편향)을 가지고 있어요. 대다수의 운전자가 자신의 운전 실력이 평균 이상이라고 생각한다는 게 하나의 예입니다.

투자자에겐 자신의 판단을 지나치게 믿는 과신 편향, 그리고

그 판단을 뒷받침하는 정보만 받아들이는 확증 편향 등이 흔히 나타나지.

자신의 판단을 지나치게 믿는 사람은 투자에 동반되는 위험을 과소평가하기 쉬워. 그러다 보면 위험한 주식을 너무 많이 사게 될 수도 있는 거지.

인생 한방입니다!!!

미국의 투자가 워런 버핏(1930~)

사람들이 가장 잘하는 건 기존에 자신이 갖고 있던 견해들이 온전히 유지되도록 새로운 정보를 걸러내는 일입니다.

자신의 판단이 틀렸을지도 모른다는 신호가 잡혀도 그걸 자기에게 유리하게 해석해.

근데... 타이밍이 참 안 좋아.

와아아...?

주식에 관심 없던 사람들도 관심 가지는 시점엔

주식 가격이 이미 오를 대로 오른 상태이거든.

주식해서 돈 벌었대!
주식해서 돈 벌었대!
주식해서 돈 벌었대!
주식해서 돈 벌었대!

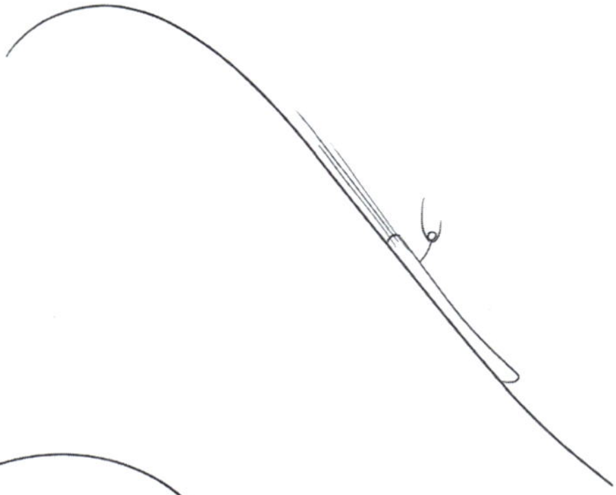

"실패의 세 번째 단계는 물타기야. 가격이 떨어지는 자산을 처분하는 대신"

"추가 매수해서 손해율을 낮추는 거지."

예를 들어 A 회사의 주식 가격이 1만 원일 때 1천 주를 샀다고 해보자. 그 주식의 가격이 6천 원으로 떨어지면 투자수익률은 -40%야. 하지만 이때 1천 주를 더 산다면 투자수익률이 -25%로 올라가지.

어… 물 좀 타볼까?

수익률이 너무 낮은 건 싫으니까…

대니얼 카너먼(1934~2024)
이스라엘·미국의 심리학자

같은 크기의 이득과 손실이 주어졌을 때 사람들은 이득보다 손실에 더 크게 반응합니다. "이렇게 하면 성공한다"라는 말보다 "이거 모르면 실패한다"라는 말이 더 눈길을 끌죠.

손실을 아주 싫어하는 성향(손실 회피)으로 인해 손절(손실 실현)이 어려운 거죠. 하지만 가격이 떨어지는 주식을 팔지 않고 들고 있으면 손해액만 커질 뿐입니다.

못 하겠어! 사람이 할 수 있는 게 아니야!

> 많은 투자자가 수익을 내고 있는 자산을 너무 일찍 팔고, 손해를 보고 있는 자산을 너무 오래 보유합니다. 이를 '처분 효과'라고 하지요. 개인투자자들이 큰 손해를 보는 이유 중 하나입니다.
>
> ⁺아까 나왔던 학자, 리차드 탈러

너무 부정적으로만 얘기하시는 것 같아요. 가격이 좀 떨어져도 버티면 다시 오르겠죠. 그런 게 투자의 정석인 장기 투자 아닌가요?

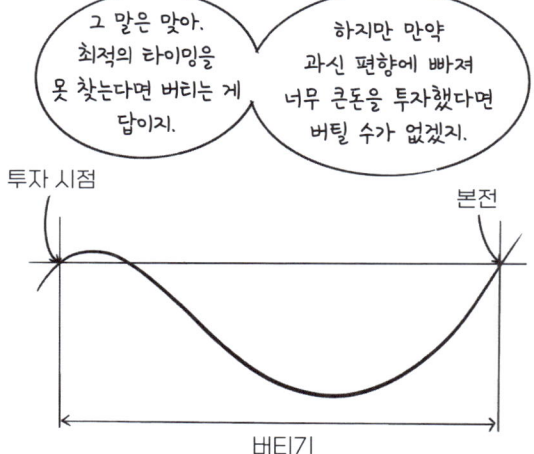

그 말은 맞아. 최적의 타이밍을 못 찾는다면 버티는 게 답이지.

하지만 만약 과신 편향에 빠져 너무 큰돈을 투자했다면 버틸 수가 없겠지.

투자 시점 / 본전 / 버티기

우리가 주식 앞에서 이성을 잃는 이유는?

주식 투자하면 패가망신하는 줄 알던 시절이 있었습니다. 마치 도박 중독처럼, 주식에 중독되면 자기 자신과 가족이 큰 고통을 겪는다고 이야기하는 사람들이 많았죠. 사실 투자는 도박과 비슷한 면이 많습니다. 우리는 미래에 일어날 일을 정확히 알 수 없기에 투자는 항상 불확실하고, 운에 맡길 수밖에 없는 부분이 있기 때문입니다. 그런 불확실성 때문에 돈을 벌 때나 잃을 때나 사람의 마음은 요동칩니다. 돈을 벌면 짜릿함을 느끼고, 돈을 잃으면 우울해하며 잃은 돈을 만회하려고 하죠. 그 짜릿함에 중독되거나 잃은 돈을 잊는 사람은 계속 주식 앱을 들락날락하게 된다고 합니다.

2024년의 한 통계를 보면, 우리나라 성인 중 3분의 2 이상이 주식 투자 경험이 있다고 합니다. 그중 대부분의 사람이 주식 투자를 하면서 마음을 졸여봤을 겁니다. 내가 산 주식 가격이 오르기 시작하면 금방 부자가 될 것 같은 기분이 들고, '왜 그 주식을 더 사지 않았을까' 하는 후회도 되죠. 반대로 주식 가격이 떨어지면, 입맛도 없고 우울과 짜증이 몰려옵니다. 물론 낙천적인 투자자들은 주식 가격이 떨어지면 좋은 기회가 왔다고 생각해서 주식을 추가 매수하기도 합니다.

이런 투자자의 심리는 종종 합리적 선택을 방해합니다. 예를 들어 많은 투자자가 가격이 떨어지고 있는 주식을 너무 오래 보유하는 실수를 저지릅니다. 차마 손해 보고 팔 수 없어 계속 가지고 있는 것이죠. 그러면서 주식 가격이 곧 반등할 거라고 자기 최면을 겁니다. 반대로 가격이 오른 주식을 너무 빨리 처분하는 실수를 하기도 합니다. 조금 오르다가 다시 떨어지는 상황을 상상하고는 '아, 그때 팔걸' 하며 후회할까 봐 두려워서 조금 올랐을 때 바로 팔아버리는 거죠.

주식을 최적의 타이밍에 사고팔려는 것도 개인투자자들이 흔히 저지르는 실수 중 하나입니다. 돈을 벌고 싶으면 당연히 최적의 타이밍에 사고팔아야 하는 거 아니냐고요? 만약 그 타이밍을 오직 '나'만 알고 있다면 그 말이 맞습니다. 하지만 나만 그 타이밍을 알고 있다는 건 대부분 착각입니다.

예를 들어 어떤 주식의 가격이 오를 것 같다는 소식을 들었다고 해보죠. 당장 그 주식을 사야겠죠? 그렇지 않습니다. 그 소식이 부풀려진 것일 수도 있고(그렇다면 그 주식을 사지 말아야 할 것이고), 그 소식을 너무 늦게 들어서 주식 가격이 이미 충분히 오른 상태일 수도 있습니다. 한낱 개인투자자인 '나'는 내가 과연 남들보다 일찍 그 소식을 들은 것인지, 아니면 한발 늦은 것인지 알기 어렵죠.

이처럼 개인투자자가 전문 투자자, 투자 AI를 포함한 다른 사람들보다 먼저 중요한 소식을 듣고 빠르게 반응하여 돈 벌기는 쉽지 않습니다. 그 사실을 인정하지 않고 최적의 타이밍에 주식을 사고팔겠다는 것은, 자신이 가진 정보를 과대평가하는 '과신 편향'에 빠진 것으로 볼 수 있습니다.

그러면 대체 언제 주식을 사고팔아야 하냐고요? 많은 전문 투자자는 주식이 쌀 때 사서 비쌀 때 파는 게 아니라 여윳돈이 있을 때 사서 돈이 필요할 때 파는 것이 바람직하다고 조언합니다.

주식 때문에 마음이 롤러코스터를 타고 나면 투자 관련 정보를 찾아보게 됩니다. 시중에는 '주식 투자 성공하는 법'이나 '투자자 심리 분석'과 같은 콘텐츠가 넘쳐나죠. 어떤 이들은 투자자의 심리를 잘 알면 돈을 많이 벌 수 있다고 말하지만, 저는 그 말에 전적으로 동의하진 않습니다. 투자자의 심리를 잘 안다고 해서 무조건 성공하는 건 아닐 테니까요. 다만 욕심과 두려움을 잘 다스릴 수 있다면, 적어도 큰 손실은 피할 수 있지 않을까요?

> 똑똑해 보이고 싶을 때 읽는 배경지식

노벨경제학상을 수상한 심리학자

#노벨경제학상 #행동경제학 #넛지

대니얼 카너먼이 2002년 노벨경제학상을 수상한 일은 이례적인 사건이었습니다. 일단 그는 경제학자가 아니었습니다. 그리고 그의 연구는 인간을 이기적이고 합리적인 존재라고 가정하는 기존의 주류 경제학을 비판하는 내용을 담고 있었습니다.

카너먼과 그의 동료 아모스 트버스키(트버스키는 일찍 세상을 떠났는데, 살아 있었다면 카너먼과 노벨경제학상을 공동 수상했을 거라는 의견이 많았습니다)는 합리적 행동에서 벗어나는 인간의 판단 오류에 어떤 체계적인 경향이 있다는 걸 밝혀냈습니다. 이 발견은 행동경제학이라는 새로운 학문의 시작이 되었고, 결국 주류 경제학의 한 분야로 자리 잡았습니다.

2017년에는 카너먼과 함께 다양한 연구를 했던 리처드 탈러가 행동경제학 발전에 기여한 공로로 노벨경제학상을 받았습니다. 그는 인간의 비합리성을 고려해 사람들이 더 나은 선택을 하도록 돕는 방법을 연구했습니다. 대표적인 개념이 탈러와 캐스 선스타인이 말하는 '넛지nudge'입니다. 이는 개인 선택의 자유를 존중하면서 동시에 그들이 더 나은 선택을 할 수 있도록 부드럽게 개입하는 방법입니다.

예를 들어 배달 앱에서 '일회용 수저를 받지 않는다'를 기본값(디폴트 옵션)으로 설정하면, 대부분의 소비자는 이를 그대로 두기 때문에 자연스레 일회용품 사용이 줄어듭니다. 선택은 자유롭되, 기본 설정이 행동을 유도하는 것이죠.

  물론 이런 방식이 마치 뒤에서 사람을 은밀하게 조종하는 것처럼 느껴질 수도 있습니다. 하지만 탈러와 선스타인은 넛지가 개인의 자유를 침해하지 않으며, 소비자가 언제든 자신의 선택을 바꿀 수 있기 때문에 정당하다고 주장합니다.

  오늘날 많은 기업이 넛지를 활용해 소비자의 행동을 유도합니다. 그래서 넛지가 누구를 위한 것인지 따져볼 필요도 커졌습니다. 우리가 모르는 새 속지 않기 위해서라도 행동경제학을 꼭 공부해야겠죠?

5화. 주식으로 돈 버는 가장 쉬운 방법

주식으로 돈 벌기가 왜 이렇게 힘든 걸까?

이전 화에서 욕심이 판단을 흐려서 큰 손해를 볼 수 있기 때문이라고 하셨잖아요.

그렇지···.

근데 그건 심리적인 문제고··· 보다 구조적인 문제가 있지 않을까?

요기 베라(1925~2015)
전 뉴욕 양키스 선수이자 감독

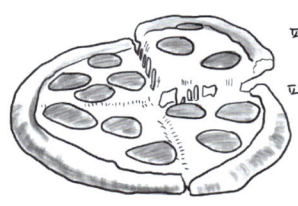

돈이 있었는데…   없습니다.

"근데 나에게 쉬운 일은 다른 사람에게도 쉬운 법이지."

"쉬운 예측에 기반한 돈 벌 기회는 순식간에 사라져 버려."

버턴 말킬(1932~)
미국의 경제학자

"가격이 오를 것 같은 주식의 가격은 눈 깜짝할 사이에 올라서 쉽게 돈 벌 수 있는 기회는 순식간에 사라집니다. 그러면 주식 가격 예측이 사실상 불가능해지는 거죠."

새로운 예측 기술이 나타나도 그 기술을 사용하는 사람이 늘어나면 유지되기 어렵죠. 과거에 성공적이었던 투자 전략도 모방자가 늘어나면 수익률이 떨어집니다. 이른바 '레드퀸 효과(항상 경쟁 상태일 때, 제자리에 머물기 위해서는 끊임없는 노력이 필요하다는 뜻)'죠.

그리고 주식 시장이 단기적으로 제로섬게임이라는 건 내가 돈 벌기 위해서는 누군가 그만큼 손해를 봐야 한다는 뜻이잖아.

그러니까 누군가는 호구···.

미국의 경제학자 낸시 스토키(1950~)

완전히 합리적인 두 사람이 자신과 상대방의 합리성에 대해 확신하고 있다면 한쪽이 결과적으로 손해를 보는 거래는 일어나지 않습니다.

왜냐하면 완벽하게 합리적인 사람들은
상대방이 자신이 모르는 정보를
갖고 있기 때문에 자신과 다른 판단을 내렸다고
생각하고 판단을 수정하기 때문이죠.

독일의 경제학자 마커스 브루너마이어(1969~)

하지만 현실의 투자자는 그렇게 합리적이지 않죠.
순진한 투자자가 있다고 생각되면
합리적 투자자들도 거래할 수 있습니다.

거품이 잔뜩 낀 주식을 살 사람이
또 나타날 것이라 믿고
폭탄 돌리기를 하는 거죠.

호구 왔능가?

내 뒤에 진짜
호구가 온다네.

모두가 '나는 호구가
아니겠지'라고 생각하고
거래를 하지만

결과적으로
그들 중 상당수는
호구가 되는 거야.

그 판에서 누가
호구인지 모르겠으면
니가 바로
그 호구다.

알겠어요. '단기적'이라는
말을 그렇게 강조하신 건
장기 투자를 해야 한다는 이야기를
하고 싶으신 거죠?

잘 알아들으니
좋군.

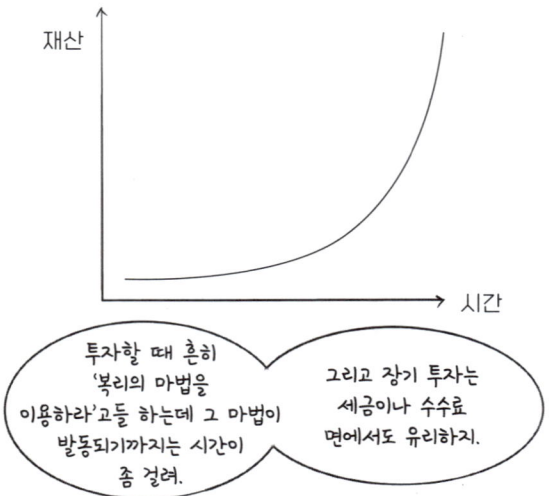

투자할 때 흔히 '복리의 마법을 이용하라'고들 하는데 그 마법이 발동되기까지는 시간이 좀 걸려.

그리고 장기 투자는 세금이나 수수료 면에서도 유리하지.

하나 덧붙이자면

월리엄 샤프(1934~)

미국의 경제학자

위험을 줄이기 위해선 투자금을 여러 주식에 나눠서 분산투자하는 게 좋습니다. 아니면 주가지수 펀드(혹은 인덱스펀드)에 투자하는 것도 좋죠.

성공하는 주식 포트폴리오 어떻게 만들까?

투자는 어렵다고들 합니다. 정확히 말하자면 투자를 잘하기가 어렵죠. 그런데 얼마나 성공해야 잘한다고 할 수 있을까요? 그 기준은 사람마다 다를 겁니다. 하지만 모두가 남들보다 더 빨리, 더 꾸준히, 더 많이 벌고 싶죠. 바로 그 점이 어렵습니다. 모든 사람이 평균보다 키가 크고, 잘생기고 예쁠 수 없듯이 모든 사람이 투자의 귀재일 수는 없겠죠.

그래도 노력은 해봐야겠죠? 경제 뉴스를 챙겨보면서 어떤 회사의 수익이 오르거나 떨어질지 따져봅니다. 어떤 주식을 사고팔지 결정했으면 다른 사람보다 빠르게 행동해야 합니다. 왜냐고요? 예를 들어 A 회사 주식의 가치가 현재 5천 원인데, 다음 달에는 1만 원까지 오를 거라는 예측이 나왔다고 해보죠. 그 예측이 시장에 퍼지면 사람들은 그 주식을 구매하려고 할 것입니다. 사려는 사람이 많으니 가격은 자연히 상승하겠죠. 그래서 순식간에 1만 원까지 오릅니다. 결국 빨리 움직인 사람이 1만 원짜리 주식을 5천 원에 살 수 있습니다.

그렇다면 1만 원까지 오를 거라는 예측이 시장 가격에 반영되고 난 다음은 어떨까요? 예측 가능한 정보가 이미 실현된 후에 주식 가격은 무작위로 움직입니다. 누군가 우연히 A 회사의 미래를 낙관적으로 바라보면 가격이 2만 원까지 오를 수도 있겠죠. 아니면 급하게 현금이 필요한 사람이 주식을 팔아치워서 가격이 더 떨어질 수도 있습니다. 그래서 주식 가격은 어떻게 움직일지 예측하기 어려운 '랜덤 워크random walk'처럼 보입니다. 그 무작위적인 움직임을 정확히 예측하는 건 거의 불가능한 일입니다.

그래서 남들보다 더 빨리, 더 꾸준히, 더 많이 버는 건 현실적으로 어렵습니다. 아니라고요? 물론 남들보다 더 많이 버는 사람은 분명 있습니다. 저도 그런 사람들을 많이 봤습니다. 하지만 그들은 과연 남들보다 꾸준하게 많이 벌고 있을까요? 데이터를 보면 답은 분명합니다. 어쩌다 한 번씩 큰돈을 버는 사람들은 많았지만, 그들이 큰돈을 꾸준히 버는 건 아니었습니다. 크게 번 사람들은 크게 잃기도 하죠(크게 벌었을 때는 그 사실을 자랑하고 다니지만, 크게 잃었을 때는 조용히 지내기 마련입니다). 결국 절대다수의 적극적 투자자는 시장 평균 수익률을 따르는 주가지수 펀드(혹은 인덱스펀드)보다 낮은 수익을 얻게 됩니다.

장기 투자와 분산투자의 비밀

남들보다 더 빠르게, 많이 벌겠다는 욕심을 버리면 투자는 생각보다 어렵지 않습니다. 사실 투자를 적당히 잘하는 아주 간단한 방법이 있습니다. 바로 장기 투자와 분산투자입니다. 장기 투자는 무작위적인 주식 가격의 움직임을 예측하여 빠르게 사고파는 걸 반복하는 대신, 구매한 주식을 오랫동안(이를테면 3년 이상) 보유하는 방법입니다.

장기 투자의 장점은 뭘까요? 주식을 사고팔 때는 증권사 등에 수수료를 지불해야 하는데요. 장기 투자를 할 경우, 일단 거래 빈도가 적기 때문에 거래 수수료를 적게 냅니다. 빠르게 사고파는 투자를 반복한다면 수익금보다 수수료가 더 클지도 모릅니다. 그리고 특정 주식의 가격이 당장 내일 어떻게 움직일지는 알기 어렵지만, 긴 시간을 두고 봤을 때 좋은 주식의 가격은 오를 확률이 높습니다. 장기 투자, 쉽죠?

분산투자도 어렵지 않습니다. 예를 들어 A 주식과 B 주식의 가격이 서로 반대 방향으로 움직이는 경향이 있다고 해보죠. 그러면 A와 B 주식을 적당한 비율로 섞은 포트폴리오('꾸러미'라는 뜻)의 가격은 상당히 안정적일 겁니다. A의 가격이 떨어질 땐 B의 가격이 오르고, 반대로 B의 가격이 떨어질 땐 A의 가격이 올라서 상쇄될

A 주식 가격	B 주식 가격	포트폴리오 전체 효과
↓	↑	A의 손실을 B의 이득이 상쇄 ⟹ 안정
↑	↓	B의 손실을 A의 이득이 상쇄 ⟹ 안정

서로 반대 방향으로 움직이는 주식을 담은 포트폴리오

테니까요. A 주식과 B 주식의 가격이 반드시 반대로 움직여야만 하는 건 아닙니다. 서로 충분히 독립적으로 움직이는 주식 여럿을 묶기만 해도 포트폴리오의 가격은 상대적으로 안정화됩니다.

정리하자면 여러 주식을 사서 장기간 보유하면 비교적 안정적인 수익을 기대할 수 있습니다. 여러 주식을 직접 고르는 대신 주가지수 펀드를 구매하는 것도 좋은 방법입니다. 앞에서도 설명했지만, 주가지수 펀드는 그 시장에서 거래되는 모든 주식을 담은 '시장 포트폴리오'와 유사하거든요. 어때요, 주식 투자 생각보다 어렵지 않죠?

나에게 맞는 투자법, 어떻게 찾을까?

ETF, ETN, MMF, TRS… 이 중에서 하나라도 알고 있는 단어가 있다면 이만 하산하셔도 좋습니다. 투자의 세계에 갓 입문한 사람이라면 의미를 알 수 없는 이 약어들을 보며 주눅이 들 수도 있겠습니다. 그렇다면 이걸 다 알아야 할까요? 남들은 다 아는데 나만 모르는 걸까요? 아닙니다. 투자의 세계에는 매년 새로운 용어와 개념이 쏟아져 나오기 때문에 그걸 모두 알긴 어렵습니다. 다 안다고 해서 반드시 투자를 잘하는 것도 아닙니다.

여기선 그보다 훨씬 기초적인 이야기를 해보겠습니다. 바로 자산 가치를 계산하는 방법에 대한 겁니다. 가치에 대한 개념을 확실히 알고 있어야 스스로 생각하고 판단할 수 있어요. 그와 함께 채권, 주식, 펀드, 파생 상품에 대해서 간단하게 설명해보겠습니다.

채권 투자란?

채권은 돈을 빌려준 대가로 원금과 이자를 받을 권리가 있음을 증명하는 문서입니다. 그 증서를 시장에서 사고파는 것이죠. 채권은 발행 주체, 이자 지급 방식, 만기 기간 등에 따라 다양하게 분류할 수 있습니다. 여기선 정부가 발행한 3년 만기 이표채(coupon bond)만 고려해보겠습니다. 원금은 100만 원, 이자는 연 3%라고 해볼게요. 이 채권의 가치는 얼마일까요?

우선 이표채는 일정한 주기로 정해진 이자를 받을 수 있는 채권이란 뜻이에요. 정부가 발행했으니, 만기에 돈을 받지 못할 위험은 낮고요. 여기에 매년 3%, 즉 3만 원의 이자를 받는 거죠. 그러니까 이 채권을 보유하고 있으면 아래와 같은 현금 흐름이 생깁니다.

올해 3만 원 + 내년 3만 원 + 내후년 103만 원 = 109만 원

이 셋을 합쳐 채권의 가치는 총 109만 원이라고 생각하면 될까요? 아닙니다. 내년의 1만 원은 올해의 1만 원만큼 가치 있지 않습니다. 물가도 오르고 또 미래에 무슨 일이 발생할지 모르니까요. 그래서 미래 가치는 할인해서 계산합니다. 보통 이자율(시중 은행의 예금 이자율)을 이용해서 할인율을 계산하면 되는데요. 이자율이 2%로 고정되어 있다면, 내년의 1만 원은 현재 가치로 약 9800원 정도입니다. 지금 9800원을 예금하면 2% 이자가 붙어 1년 후에 1만 원이 되기 때문이죠. 이를 경제학에서는 현재 가치라고 하며, '미래 금액 ÷ (1+이자율)'로 계산합니다. 이렇게 계산하면 이 채권의 가치는 대략 104만 9000원 정도로 볼 수 있습니다.

채권의 현재 가치 = 3만 원 + 3만 원 ÷ (1.02) + 103만 원 ÷ $(1.02)^2$
= 약 104만 9000원

그렇다면 이 채권은 시장에서 104만 9000 원에 거래될까요? 반드시 그렇진 않습니다. 채권의 가치는 시장이자율과 미래 이자율에 대한 기대에 따라 오르락내리락합니다. 이자율이 오를 것 같으면 채권 가격은 하락하고, 이자율이 떨어질 것 같으면 채권 가격은 상승하는 거죠.

주식이란?

다음으로 주식을 살펴볼까요. 주식은 기업의 일부를 소유했다는 증서입니다. 그러므로 주식의 가치는 그 기업이 얼마나 돈을 잘 벌어서 배당을 잘하느냐에 달려 있습니다. 예를 들어 A 기업이 1억 원을 벌어서 그 돈을 배당금으로 나눠준다면, A 기업 주식의 1%를 갖고 있는 사람은 100만 원을 받을 수 있습니다. A 기업이 망하지 않고 매년 이와 같이 배당한다면, A 기업 주식 1%의 가치는 앞으로 받을 수 있는 배당금의 합이겠죠?

올해 100만 원 + 내년 100만 원 + 내후년 100만 원 + ⋯

이렇게 다 더하면 그 값은 무한대가 됩니다. 하지만 미래의 100만 원보다 현재의 100만 원이 더 가치 있죠. 그래서 앞서 한 것처럼 미래의 현금 흐름을 이자율로 할인해서 더해줍니다. 그러면 A 기업 주식 1%의 가치는 대략 5100만 원 정도로 나옵니다.

주식의 현재 가치 = 100만 원 × (1 + 1 ÷ 1.02 + 1 ÷ 1.02^2 + 1 ÷ 1.02^3 + ⋯)
  = 약 5100만 원

그러면 A 기업의 주식 1%는 5천1백만 원으로 시장에 거래될까요? 아니겠죠. A 기업이 망할 위험도 있고, 망하진 않더라도 장사가 잘 안 돼서 고전할 수도 있겠죠. 또, 기업이 돈을 벌어도 곧바로 배당해야 할 의무가 있는 건 아니기 때문에 배당을 꾸준히 하지 않을 수도 있습니다. 그리고 주식 가격도 시중 이자율에 영향을 받습니다. 이러한 위험 요소들이 있기 때문에 A 기업의 주식 1%는 아마도 5100만 원보다 낮은 가격에 거래될 겁니다.

이처럼 주식 가격은 매우 다양한 요인에 영향을 받고 불확실성이 크기 때문에 가격 변동 폭도 큽니다. 그래서 주식이 채권보다 더 위험한 자산이라고 하는 것이죠.

펀드란?

펀드 Fund, 基金는 '돈을 모은다'는 의미입니다. 투자 전문가가 여러 사람에게 돈을 모아서 대신 투자해주고 성과가 나면 일부를 수수료로 제한 후 배분하는 거죠. ETF, MMF 등의 약어에서 반복적으로 보이는 F가 Fund의 약자입니다.

펀드의 기반이 되는 투자 대상에 따라 주식형 펀드, 채권형 펀드, 부동산 펀드가 있고, 혼합형 펀드도 있습니다. 주식형 펀드 중 대표적인 것이 앞에서도 소개한 주가지수 펀드로, 이는 특정 국가의 주식시장에 상장된 모든 주식을 시가총액에 비례하게 보유하는 펀드입니다. 큰 기업의 주식은 많이 보유하고, 작은 기업의 주식은 적게 보유한다는 말이에요.

펀드에 투자하는 것은 초보자가 적절하게 분산 투자를 할 수 있는 쉬운 방법이기에 많은 전문가가 초보자에게 추천합니다. 다만 수수료가 너무 비싸진 않은지 눈여겨봐야 합니다. 정리하자면 펀드의 가치는 펀드의 기반이 되는 자산 가치의 합이라고 볼 수 있습니다.

파생 상품이란?

마지막으로 파생상품은 그 이름이 보여주듯이 기초 자산에서 파생된 상품입니다. 예를 들어 'A 기업의 주식 1주를 내년 7월 1일에 100만 원에 살 수 있는 권리' 혹은 'B 기업의 주식 1주를 3개월 후

50만 원에 팔 수 있는 권리'를 마치 하나의 상품처럼 시장에서 거래하는 겁니다. 대부분의 파생상품은 그 구조가 복잡하여 정확한 가치를 파악하기 어렵고, 미래에 대한 기대와 시장 상황의 변화에 민감하게 반응하기 때문에 매우 위험한 투자 방법으로 여겨집니다. 그래서 투자 초보자에겐 추천하지 않습니다.

정리해보죠. 어떤 자산의 가치는 미래 현금 흐름의 가치를 통해 계산할 수 있습니다. 가치와 가격이 항상 똑같은 건 아닙니다. 만약 가치에 비해 가격이 낮은 자산을 발견한다면 그걸 구매하는 것도 좋겠죠. 현금 흐름이 분명한 자산일수록 그 가치를 알기 쉽고, 안전한 자산으로 볼 수 있습니다. 반대로 구조가 복잡하여 가치가 얼마인지 알기 어려운 자산은 위험한 자산입니다.

물론 이런 이야기가 어렵게 느껴질 수 있지만, 기초를 잘 쌓아두면 앞으로 나에게 맞는 투자 방법을 찾는 데 도움이 될 거예요.

6화. 오징어 게임? 아니, 부동산 게임

우리 동네에선 그 게임을
'부동산'이라고 불렀다.

게임의 규칙은 간단하다.
사람들은 집을 가진 자와 갖지 못한 자로 나뉜다.

집이 없는 사람은 깽깽이걸음으로
이 집 저 집을 전전한다.

집을 구하지 못하면 죽는다.

미국의 경제학자 존 지나코플로스(1955~)

대출받아서 집을 구매하기 쉬워지면, 집값이 오를 것이라고 믿는 낙관주의자들이 시장 가격을 결정하게 됩니다. 그 결과 부동산 시장에 거품이 형성될 수 있죠.

돈을 빌려서 투자하는 낙관주의자들이 수요를 끌어올리면 실제로 가격은 상승합니다. 하지만 거품은 터지기 마련입니다.

가즈아~

그게 다가 아니잖아. 집의 담보 가치에 따라 집값 변동이 증폭된다는 이야기를 빼놓을 수 없지.

존 무어(1954~)
영국의 경제학자

집값이 오르면 그 집을 담보로 빌릴 수 있는 돈도 늘어납니다. 그 돈이 부동산 시장으로 흘러 들어가면 집값은 더 오르게 되죠.

반대로 집값이 떨어지면 그 담보 가치도 낮아지기 때문에 담보 대출받았던 돈을 갚아야 하죠. 그래서 많은 사람이 대출금을 갚기 위해 집을 팔면 시장에 공급이 늘어나면서 집값이 더 크게 떨어지게 됩니다.

부동산이 금리에 민감한 이유는 뭘까?

우선 만화의 내용, 특히 정부가 집값을 관리할 수 없다는 이야기는 재미를 위해 다소 과장했다는 걸 밝히고 시작하겠습니다. 정치 논리와 정보 부족으로 인해 정부가 집값 안정화에 실패하기 쉬운 것은 사실입니다. 하지만 정부가 분명한 원칙을 세우고 그 원칙을 지키면 심각한 시장 과열이나 가격 폭락을 피할 수 있습니다.

앞으로 집값은 오를까요, 떨어질까요? 대부분의 자산 시장과 마찬가지로 부동산 시장이 어떻게 흘러갈지 예측하긴 쉽지 않습니다. 다양한 원인이 있지만 '자기실현적 기대'도 집값 예측을 어렵게 하는 원인 중 하나입니다. 예를 들어 집값이 앞으로 오를 거라고 기대하는 사람이 많으면, 조금이라도 가격이 낮을 때 집을 사려고 하겠죠. 그래서 집을 구매하려는 사람이 늘어나면 실제로 집값이 오르는 겁니다. 애초의 그 기대가 어떻게 형성되었는지는 중요하지 않습니다. 아무 근거 없는 기대일 수도 있는 거죠.

2020년에서 2022년 사이, '패닉 바잉 panic buying'이라는 말이 유행했습니다. 사람들은 지금 당장 집을 사지 않으면 집값이 더 올라서 앞으로 평생 집을 못 살 수도 있다는 공포심에 사로잡혔습니다. 그 공포심 때문에 집에 대한 수요가 증가해서 실제로 집값이 더 많이 올랐죠. 이처럼 부동산 가격에 대한 기대는 자기실현적 성격으로 인해 비이성적 충동, 사회 분위기 등에 영향을 받습니다. 그리고 그 때문에 예측이 어렵습니다.

부동산 시장을 예측하긴 어렵지만 그 순환을 이해하는 것은 어느 정도 가능합니다. 핵심 키워드는 '대출'입니다. 대출이 용이해지거나 대출 금리가 낮아지면 부동산 가격이 상승합니다. 왜 부동산 시장은 대출 비용에 특별히 민감할까요? 그건 부동산을 구매할 때 큰 금액이 필요하기 때문입니다. 현금을 몇억 원씩 가지고 있다가 마음에 드는 집을 '탁' 살 수 있는 사람은 많지 않습니다. 대부분의 사람은 원하는 집을 사려면 대출을 받아야 하지요. 그래서 부동산 시장은 정부의 대출 관리 정책, 더 넓게는 금융 정책에 민감하게 반응합니다.

낙관주의자들이 만드는 부동산 거품

부동산 시장에 참여하는 사람들이 전반적으로 대출 비용에 민감하다고 했지만, 특히 더 민감하게 반응하는 사람들이 있습니다. 바로 낙관주의자들이죠. 이들은 어디선가 좋은 소식(가격 상승의 요인)이 있다는 말을 듣고 큰 의심 없이 그 소식을 믿습니다. 어느 지역에 새로운 지하철역이 생긴다든지, 대단지 아파트가 들어설 것이라든지, 개발 제한 규제가 풀릴 것이라든지와 같은 소식들이죠.

낙관주의자들은 일단 부동산을 구매하면 앞으로 가격이 오를 거라고 믿기 때문에 최대한 많은 돈을 빌려서 투자하고자 합니다. 그래서 이들은 대출 비용에 특히 더 민감하게 반응합니다. 대출 규제가 완화되어 낙관주의자들이 부동산 시장에서 주도적인 역할을 하면, 부동산 시장이 과열되어 거품이 생기기 쉽습니다.

하지만 거품은 터지기 마련입니다. 사람들은 집값이 계속 오르지 않을 것 같으면 하나둘 발을 빼기 시작합니다. 집값이 떨어지기 시작하면 집을 담보로 대출받아서 집을 샀던 사람들은 곤란해집니다. 집값이 떨어지면 그 담보 가치도 떨어지기 때문에 은행에서 얼른 돈을 갚으라는 독촉을 받게 되기 때문이죠. 너무 많은 돈을 빌려서 투자한 사람은 대출 원금은커녕 이자도 갚지 못할 상황에 처하기도 합니다. 그러면 돈을 갚기 위해 눈물을 머금고 집을 서둘러 팔아야겠죠. 한시라도 빨리 돈을 마련해야 하기 때문에 헐값에 집을 내놓습니다.

시장에 그렇게 나온 집들이 많다면 부동산 시세는 더욱 낮아집니다. 결국 집값이 떨어져도 집을 사려는 사람이 없을지 모릅니다.

앞으로 집값이 더 떨어질 것이라 기대하는 거죠. 정부가 다시 대출 규제를 완화하고 부동산 관련 대출 금리를 낮춰서 낙관주의자들이 다시 시장을 주도할 때까지 부동산 시장은 조용할 겁니다.

전세 제도는 계속 유지될 수 있을까?

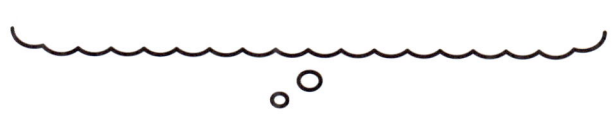

뉴스에서 '전세 사기'라는 단어를 심심찮게 보셨을 겁니다. 전세 제도는 집을 빌리는 사람이 집주인에게 매달 월세를 내는 대신, 한 번에 목돈(보통 집값의 50~70%)을 내고 일정 기간 거주하다가 이사 갈 때 그 돈을 돌려받는 제도입니다. 이는 우리나라와 라틴아메리카의 소수 국가에만 존재하는 제도라고 합니다. 우리나라에서도 1995년에는 전체 가구 중 대략 30%의 가구가 전셋집에 살았으나, 그 비중이 점차 하락해서 2020년에는 15.5% 정도가 전셋집에 살고 있습니다. 한때는 전셋집에 사는 사람이 월셋집에 사는 사람보다 훨씬 많았으나 이제는 그 순서가 바뀐 거죠.

전세 제도는 전 세계적으로 드문 제도이고, 우리나라에서도 점차 줄어들고 있다는 겁니다. 그렇다면 전세 제도의 문제는 무엇일까요? 이 질문에 답하기에 앞서 '전세를 끼고' 집을 구매하는, 이른바 갭gap투자에 대해 알아봅시다.

세입자 입장에서 전세 계약은 집을 임대하는 계약이지만, 집주인(혹은 집 구매자) 입장에서는 세입자에게 돈을 빌리는 계약입니다. 일종의 대출이죠. 즉, 갭투자는 집주인이 전세금을 투자금으로 활용해 부동산에 투자하는 방법입니다. 돈을 빌려서 하는 투자를 레버리지(지렛대)leverage 투자라고 하는데요. 이런 투자에는 큰 위험이 따릅니다.

예를 들어 어떤 사람이 자기 돈 5억 원에 집을 사서 6억 원에 팔았다고 해보죠. 이때 투자수익률은 (6억 원 - 5억 원) ÷ 5억 원 = 20%입니다. 이번엔 그 집을 5억 원에 구매해서 세입자에게 3억 원에 전세를 줬다고 해보죠. 그러니까 본인이 실제로 투자한 금액은 2억 원이죠. 아까와 마찬가지로 6억 원에 집을 팔면 수익률은 얼마일까요? 3억 원은 세입자에게 돌려줘야 하는 돈이니 빼고요. 남는 돈이 3억 원입니다. 2억 원을 투자해서 그 돈이 3억 원이 되었으니, 투자수익률은 (3억 원 - 2억 원) ÷ 2억 원 = 50%입니다.

이와 같이 높은 수익률은 레버리지 투자의 매력 포인트입니다. 가지고 있는 밑천을 최대한 활용해서 여러 갭투자를 동시에 진행한다면 더 많은 돈을 벌 수 있겠죠. 단, 집값이 오른다는 전제하에 그렇습니다. 집값이 떨어진다면 손해도 더 크게 봅니다.

아까와는 반대로 집값이 떨어진 경우를 생각해봅시다. 5억 원에

구분	일반 투자 (자기 자본 5억 원)	갭투자 (자기 자본 2억 원 + 전세 3억 원)
집 매입가	5억 원	5억 원
자기 자본	5억 원	2억 원
전세금	없음	3억 원
① 집값 상승 시 (+1억 원)		
매도 가격	6억 원	5억 원(이 중 전세금 3억 원 반환)
수익금	1억 원	1억 원
투자수익률	20%	50%
② 집값 하락 시 (-1억 원)		
매도 가격	4억 원	4억 원(이 중 전세금 3억 원 반환)
손실 금액	-1억 원	-1억 원
투자수익률	-20%	-50%

일반 투자와 갭투자 수익률 비교

산 집의 가격이 4억 원이 되었다고 해보죠. 투자수익률은 (4억 원 - 5억 원) ÷ 5억 원 = -20%입니다. 갭투자를 한 경우도 생각해볼까요? 2억 원을 투자했는데 세입자에게 3억 원을 돌려주고 나니 남은 돈이 1억 원입니다. 투자수익률은 -50%, 즉 반토막이 난 거죠.

집값이 떨어지면 집주인이 손해 보고 끝나는 문제가 아닙니다. 전세 거래가 줄어드는 와중에 집주인에게 여유 자금이 없으면 세입자에게 돌려줘야 하는 전세금을 돌려주지 못할 수도 있습니다. 더 심한 경우도 있습니다. 집값이 전세 가격보다 낮아지면 집을 팔아도 세입자에게 돌려줄 전세금을 마련하지 못합니다. 세입자는 전세금을 맡길 때 그 돈을 온전히 돌려받기를 기대하지만, 집값이 하락하면 그 돈을 돌려받지 못할 위험이 생기는 거죠.

정리하자면, 전세 제도는 집주인과 세입자 사이의 사적인 계약을 통해 레버리지 투자를 가능하게 하는 제도이고, 거기에는 많은 위험이 도사리고 있다고 할 수 있습니다. 이런 위험성 때문에 거주 형태 중 전세의 비중은 점차 줄어들고 있습니다.

7화. 알바비를 코인으로 받으면 어때?

비트코인입니다.

널뛰기하는 코인 가격

왜 화를 내세요?

네? 돈이 기억이라고요?

미국의 경제학자 나라야나 코철라코타 (1963~)

돈은 기억이다?

네, 사실입니다.

돈이 기억이라는 게 사실입니까?

 사람들이 하는 일을 지켜보고 기록하는 존재가 있다고 해보죠. 그게 제가 "기억(장치)"이라고 부르는 거예요.

'기억'은 협동과 분업을 가능하게 합니다. 예를 들어 갑이 을에게 도움이 되는 일을 해주었다고 가정해봅시다.

갑이 을에게 준 도움으로 인해 갑이 병으로부터 도움을 받을 수 있다면 갑은 더 열심히 남을 돕겠죠.

'기억'은 갑이 보답받을 자격이 있다는 걸 알려줍니다.

그렇게 수많은 사회 구성원이 협동하고

분업이 이뤄져야 경제가 자라날 수 있습니다.

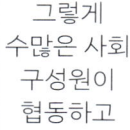 

돈이 기억(장치)이라는 건, 돈이 기억  이 하는 일을 대신할 수 있다는 거예요.

돈은 그 보유자가 누군가에게 도움되는 일을 했다는 걸 보여주죠.

'기억'이 그러했듯이 돈은 분업과 협동을 촉진합니다.

그런 의미에서 돈은 분산화된 기억(장치) 이라고 볼 수 있어요.

사토시 나카모토 — 비트코인 개발자

비트코인은 분산화된 기록 장부입니다. 누가 코인을 획득했고, 누가 누구에게 코인을 이전했는지를 위조할 수 없는 형태로 기록해놓은 거죠.

흠, 그러면 비트코인도 돈이라고 할 수 있는 건가요?

둘 다 분산화된 기록 장치니까….

비트코인은 돈이 아니다?

노부히로 키요타키(1955~) — 일본의 경제학자

네, 아닙니다.

비트코인은 돈이 아닌가요?

옛날엔 돈으로 여겨지던 물체가
(예를 들어 조개껍질, 소금, 곡물, 상평통보…)

더 이상 돈으로 취급받지 못하는
경우가 많죠. 그건 왜 그럴까요?

갑이 종이 쪼가리를 돈이라고 생각하는
이유는 을이 그걸 돈으로 받아주기
때문이고, 을이 그걸 돈으로 받는 이유는
병이 그걸 돈으로 받아주기 때문이죠.

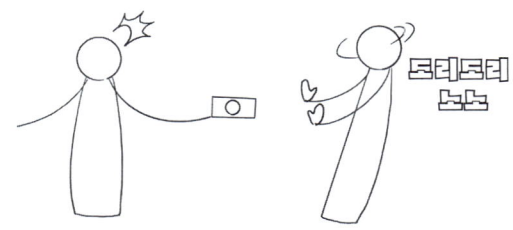

만약 많은 사람이 종이 쪼가리를 결제 수단으로 받아주지 않으면 그건 돈이 될 수 없어요. 널리 이용되지 않는 기록 장치는 돈이 아닙니다.

캐나다의 경제학자 | 랜달 라이트(1956~)

그러니까 다른 제도들(예를 들어 우측통행)과 마찬가지로 화폐 제도도 일종의 사회적 약속이고, 사회 구성원들 사이의 '조정'이 필요한 거죠.

그런 의미에서 "비트코인은 돈이다"라는 말은 진실이라기보다 일종의 제안이라고 볼 수 있어요.

만약 충분히 많은 사람이 그 제안을 받아들인다면?

비트코인도 돈이 되겠지.

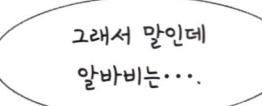

비트코인은
돈이 될 수 있을까?

비트코인은 돈일까요, 아닐까요? 이 질문에 답하려면 우선 비트코인과 돈이 무엇인지 알아야겠죠.

동전이나 지폐는 돈일까요? 맞습니다. 동전이나 지폐는 겉으로만 보면 딱히 쓸모도 없는 금속 쪼가리, 종이 쪼가리에 불과하죠. 돈이 무엇인지 이해하려면 금속 쪼가리나 종이 쪼가리가 아닌 제도로서의 화폐를 이해하는 게 중요합니다. 사회 제도와 그 안에서 활용되는 물리적 도구를 구분해야 한다는 거죠. 예를 들어 윷놀이라는 게임과 물리적으로 게임에 필요한 도구인 윷, 윷판, 말은 다른 거잖아요.

비트코인도 이렇게 구분할 수 있습니다. 대문자 'Bitcoin'은 비트코인 시스템 전체를 지칭하고, 소문자 'bitcoin'은 그 시스템 안에서

Bitcoin과 bitcoin의 차이

거래되는 코인을 지칭합니다.

    돈, 그러니까 제도로서의 화폐는 일종의 기록 장치입니다. 누가 누구에게 먹을 것을 줬고, 누구를 위해 일했고, 도움을 줬다는 것을 기록한 다음, 그 대가를 받을 수 있도록 한 장치죠. 시골 동네처럼 아주 작은 사회에서는 서로 협동하기 위해 돈이 필요하지 않습니다. 왜냐하면 옆집에 사는 철수가 뒷집에 사는 영수에게 도움을 줬는지 해코지했는지 모두가 잘 알고 있거든요. 이처럼 작은 규모의 사회에서는 돈 없이도 상부상조할 수 있습니다.

    하지만 규모가 큰 사회에서는 그런 식으로 협동과 분업이 이뤄질 수 없죠. 서로 잘 모르기 때문에 상대방을 쉽게 믿을 수 없으니까요. 이 사회에서 누군가의 도움을 받으려면, 나 자신 역시 누군가를 도운 적이 있다는 것을 증명해야 합니다. 그래야 서로 간 신뢰가 쌓이는 것이죠. 그걸 증명할 수단이 바로 돈입니다.

화폐가 될 자격이 따로 있을까?

돈이 증명 수단이 되려면 위조하기 어려워야 합니다. 그래서 존재 자체로 희귀했던 귀금속이나, 정부에서 위조하기 어렵게 만든 지폐 등이 돈으로 이용된 겁니다. 비트코인도 이런 면에서는 돈이 될 자격이 있습니다. 비트코인은 디지털 기록 시스템이고, 암호화 기술을 사용해서 위조하기 어렵게 만들었거든요.

하지만 기초 자격이 있다고 곧바로 돈이 되는 건 아니겠죠. 아직은 비트코인을 돈이라고 평가하긴 어려울 것 같습니다. 최근 일부 거래에서는 비트코인이 화폐로 사용되고 있지만, 전체 경제 거래에 비하면 극히 소수에 불과합니다. 왜 그럴까요? 비트코인은 아직 극소수의 거래에만 이용되고 있기 때문입니다. 잠깐, 극소수의 거래에만 이용되고 있기 때문에 극소수의 거래에만 이용되고 있다? 이거 동어반복 아닌가요? 아닙니다. 천천히 생각해보죠.

우리나라에서 사용하는 '한국은행권'은 겉모습만 봤을 땐 종이 쪼가리에 불과합니다. 하지만 다른 사람들이 그것을 돈으로 여기고 결제 수단으로 받아주기 때문에 우리도 그것을 결제 수단으로 씁니다. 다른 사람들도 마찬가지입니다. 우리가 그걸 결제 수단으로 이용하기 때문에 그들도 결제 수단으로 이용하는 거죠.

이건 좌측통행·우측통행과 비슷한 겁니다. 여러분이 좁은 길을

걷다가 누군가를 마주쳤고, 둘 다 우측통행을 해서 서로 부딪치지 않고 지나갔다고 해보죠. 이때 여러분은 왜 우측통행을 했죠? 여러분이 우측통행을 한 이유는 상대가 우측통행할 것이라 생각했기 때문입니다. 마찬가지로 상대방이 우측통행을 한 것은 여러분이 우측통행할 것이라고 생각했기 때문입니다. 여러분이 만약 상대가 좌측통행을 할 것이라고 추측했다면 상대와 부딪치지 않기 위해 여러분도 좌측통행을 했을 겁니다.

이런 상황을 게임이론에선 조정 게임coordination game이라고 부릅니다. 많은 사회 제도를 일종의 조정 게임으로 이해할 수 있습니다. 화폐 제도도 마찬가지입니다. 비트코인 혹은 한국은행권을 사용하느냐, 마느냐는 우리 사회가 함께하는 일종의 조정 게임입니다.

만약 내일부터 모든 한국인이 한국은행권 대신 달러를 결제 수단으로 사용한다는 소식을 알게 된다면, 여러분은 어떻게 하시겠습니까? 내일부터는 편의점에서도 음식점에서도 한국은행권을 사용할 수 없습니다. 그러면 여러분은 지금 당장 한국은행권을 어떻게든 처분하고 달러를 보유하려고 하겠죠. 문제는 다른 사람들도 모두 여러분과 같이 행동할 것이라는 겁니다. 그렇게 되면 당장 오늘 한국은행권의 가치는 0이 될 겁니다. 한국은행권이 미래에도 계속 결제 수단으로 사용될 것이라는 믿음이 없다면 당장 그 순간부터 결제 수단으로 사용될 수 없습니다.

비트코인도 이와 비슷합니다. 미래에 충분히 많은 사람이 비트코인을 일상생활에서 결제 수단으로 사용할 거라고 믿는다면, 오늘부터 비트코인을 결제 수단으로 이용할 수 있습니다. 즉, 비트코인도 돈으로 기능할 수 있습니다. 하지만 그런 믿음을 갖고 있는 사람이 아직까진 그다지 많지 않은 것 같네요.

PART 03
대중문화에도 경제학이 숨어 있다고?

8화. 세계적인 K-pop 스타의 성공 공식

다들 너무 잘하는데.

저렇게 잘하는데 왜 아직 안 떴지?

스타가 되려면 어떻게 해야 하는 거야?

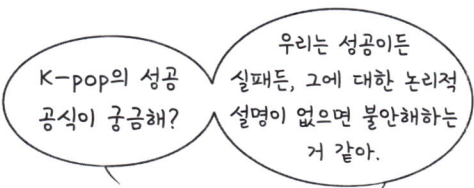

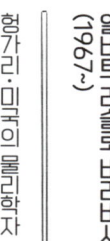

알버트 라슬로 바라바시 (1967~)

헝가리·미국의 물리학자

'성공'은 '성과'와 다릅니다. 성과는 개인이 노력해서 달성하는 것이고, 성공은 성과에 대한 사회의 집단적 반응입니다.

성과는 제한적입니다. 세계에서 가장 빠른 사람도 100미터를 9초 이내로 달릴 수 없죠. 그리고 세계 최고의 선수들의 기록 차이는 미세합니다.

하지만 개인의 성과에 대한 집단적 반응인 성공에는
그런 제한이 없죠. 한 명의 선수가 얼마나 많은 사람에게
감동을 줄 수 있는지 생각해보세요. 그리고 미세한
차이에 따라 얼마나 큰 부와 명예가 주어지는지도요.

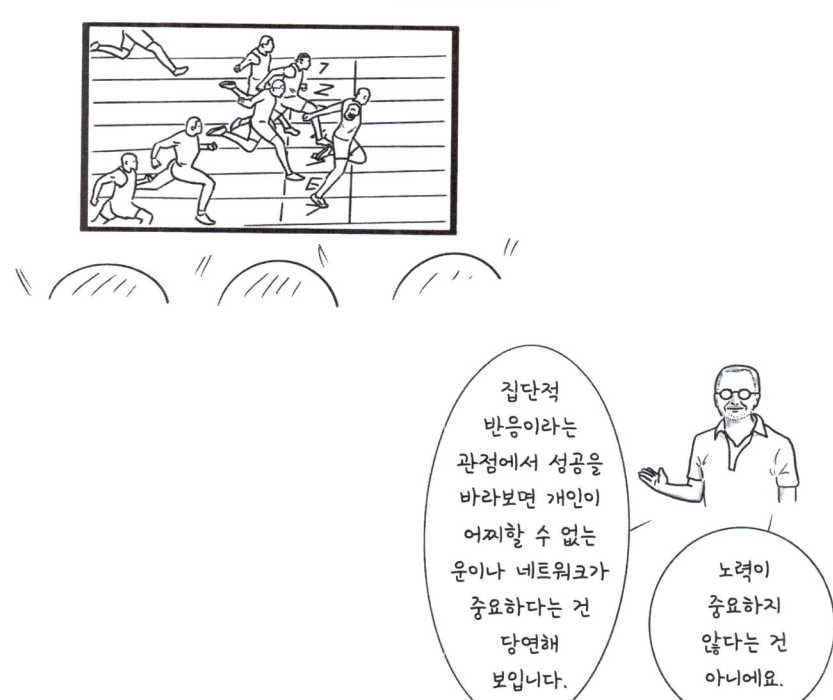

집단적 반응이라는 관점에서 성공을 바라보면 개인이 어찌할 수 없는 운이나 네트워크가 중요하다는 건 당연해 보입니다.

노력이 중요하지 않다는 건 아니에요.

노력은 중요합니다. 재능도요.
하지만 최고의 재능을 가진 사람이 이미 최고의
노력을 하고 있다면 다른 요소인 운과 네트워크가
누가 성공할지를 결정할 수도 있겠죠.

그러니까 스타의 성공을 이해하기 위해선 카메라를 180도 돌려야 해. 스타가 아니라 그의 팬들을 봐야 한다는 거지.

H.O.T.와 젝스키스 시절부터 이어져 온 한국의 독특한 팬덤 문화는 K-pop 현상을 이해하기 위한 열쇠일지도 몰라. BTS만큼이나 아미를 이해하는 게 중요한 거지.

DSF

Club H.O.T.

그리고 유튜브, 넷플릭스 등 글로벌 콘텐츠 플랫폼의 확산도 '집단 반응'에 큰 영향을 주었지.

앨런 크루거(1960~2019)
미국의 경제학자

오늘날 음악 산업에서는 소수의 슈퍼스타가 엄청난 부와 명예를 누리고 대다수의 창작자는 대중에게 제대로 인지되지도 못합니다.

음악 산업에서 불평등이 심해진 이유는 뭘까요? 마이크도 없던 시절엔 세계적인 음악가도 작은 청중을 대상으로 공연할 수밖에 없었지만, 오늘날 소수의 슈퍼스타는 전 세계인을 대상으로 공연할 수 있습니다.

그리고 들을 노래가 너무 많아졌다는 것도 불평등이 심해진 이유입니다. 어차피 모든 노래를 들을 수 없으니 추천받은 곡 중에서 골라 듣게 되니까요.

> 친구에게 추천받은 곡, 카페에서 들은 노래는 사회 연결망을 통해 퍼져나가며 반복해서 플레이됩니다. 아, 이제는 음악 추천 알고리즘이 그 격차를 더 증폭시키죠.

> 기술 발전이 음악 산업을 많이 바꿨네요.

> 맞아. MP3 플레이어의 등장 이후로 음원과 공연의 관계도 바뀌었지.

> 음원과 공연은 서로에 대한 수요를 높이는 경향이 있어. 음원을 듣고 공연을 보러 가기도 하고, 공연을 보고 음원을 구매하기도 하니까. 경제학에선 이런 걸 '보완재'라고 하는데, 예를 들어 햄버거와 콜라 같은 거지.

전통적으로는 순회공연을 통해 곡을 알리고 음반을 팔아 수익을 올렸지만, 이제는 그 관계가 뒤집혔어. 음원을 공짜로 풀고 공연으로 돈을 버는 구조가 된 거지. 데이비드 보위가 후배 가수들에게 했다는 조언도 이런 맥락에서 이해할 수 있어.

데이비드 보위(1947~2016)
뮤지션 겸 배우

음원 배포 기술이 발전하면서 음원 간 경쟁이 심화되었고, 음원 불법 복제가 쉬워졌지. 그래서 음원 가격이 하락하게 되니 공연에 대한 수요가 상승해서 티켓 가격이 비싸진 거야.

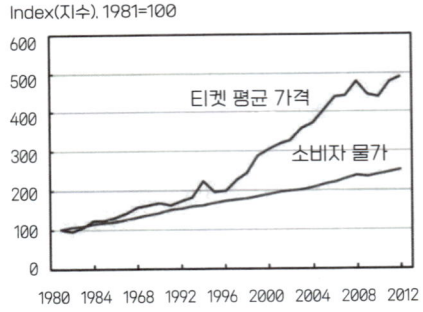

콘서트 티켓의 평균 가격과 소비자 물가

왜 시장이 커질수록
소수만이 스타가 될까?

세상엔 다양한 종류의 경연이 넘쳐나지만, 우리는 음악 관련 경연을 가장 많이 접할 겁니다. 참가자들의 노래, 춤, 랩을 보고 있으면, 자연히 이런 생각이 듭니다. '저렇게 잘하는 사람이 왜 이제야 나타났지?' '이렇게 좋은 노래가 왜 지금까지 묻혀 있었지?'

수많은 예비 가수가 빛나는 별이 되기 위해 치열하게 경쟁합니다. 그중 어떤 사람이 스타가 되는 걸까요? 성공하기 위해선 무엇이 가장 중요할까요? 재능? 끼? 외모? 노력? 아마 다 중요하겠죠. 일정 수준 이상의 외모와 실력을 갖추지 못하면 스타가 될 수 없을 겁니다. 그건 기본 조건입니다. 문제는 세상에 잘생기고 예쁜 데다 실력 있는 사람이 굉장히 많다는 것이지요. 그 많은 사람 중에 누가 스타가 되는지는 예측하기 어려운 일입니다.

어쩌면 운이 가장 중요한 것일지도 모릅니다. 그러니까 외모나 실력처럼 한 개인의 특성이 아닌 외부 요인이 중요할 수 있다는 거죠. 이를테면 그 사람이 속한 가족, 친구, 동료, 지인 네트워크 같은 거요.

요새 많은 SNS 인플루언서와 '셀럽'은 "유명한 것으로 유명(famous for being famous)"합니다. 연예인의 인기에도 분명 이와 비슷한 면이 있습니다. 인기가 있기 때문에 인기 있다고나 할까요. 티브이에 나왔기 때문에 시청자들이 그들에게 호감을 가지게 되고, 그 호감을 기반으로 또 티브이에 출연하는 겁니다. 어떤 연예인이 인기가 있기 때문에 인기 있는 거라면 그 인기는 어느 정도는 운 때문이라고 할 수 있지 않을까요? 이 말의 의미를 제대로 이해하기 위해 잠깐 과거로 가봅시다.

갈수록 경쟁이 치열해지는 글로벌 시장

"유명한 것으로 유명하다"라는 말은 20세기 중반 라디오, 티브이 등에 기반한 대중매체가 발전하던 시기에 처음 나온 말입니다. 비록 인터넷과 스마트폰이 일반화된 지금과 같은 형태는 아니었지만, 라디오와 티브이는 인류 역사상 최초로 한 나라에 사는 불특정 다수를 실시간으로 연결했습니다. 전 국민이 동시에 같은 뉴스를 보고, 같은 드라마에 빠져들고, 같은 음악을 들을 수 있게 되었습니다. 한 나라에 사는 불특정 다수, 즉 대중이 공유할 수 있는 문화적 기반이 생긴 거죠. 유명인의 등장에는 이런 역사적, 기술적 배경이 있습니다.

그 이전에는 어땠을까요? 에디슨이 축음기를 발명하기 전에는 음악을 무조건 현장에서 들어야 했습니다. 그 음악을 들을 수 있는 사람 수는 기껏해야 몇백 명 수준이었을 겁니다. 음악은 음악가가 활동하는 지역 수준에서 소비되었을 것이고, 음악가들은 자신과 활동 반경이 겹치는 사람들이랑만 경쟁하면 되었습니다. 당연히 지금보다 덜 치열했겠죠. 그때도 전국적 혹은 국제적으로 유명한 음악가들은 있었겠지만, 지역에서 활동하는 음악가가 유명 음악가에게 묻히는 일은 훨씬 적었을 겁니다. 유명 음악가가 그 지역을 방문해야 사람들이 그의 음악을 들을 수 있었을 테니까요. 비유하자면 프렌차이즈 음식점이 아닌 지역 음식점만 있었던 것과 같은 겁니다.

새로운 정보 통신 기술이 전 세계를 연결하면서 대중음악 시장은 통합됐습니다. 전 세계가 하나의 시장이 되면서 사람들은 더 많은 음악을 접할 수 있게 되었지만, 정작 다수가 선택한 소수의 음악만이 유명세를 타게 되었습니다. 대중의 선택을 받은 소수의 슈퍼스타는 엄청난 부와 인기를 누리지만, 그러지 못한 다수의 음악가는 자신의 음악을 제대로 들려줄 기회도 얻지 못합니다.

우리는 어쩌면 숨겨진 보석들을 놓치고 있을지도 모릅니다. 재능, 끼, 외모, 노력도 운과 기회를 얻지 못하면 빛을 보지 못하니까요. 음악을 듣는 이들이 숨겨진 보석을 찾기 위해 더 관심을 기울인다면, 앞으로는 더 많은 별이 빛날 수 있지 않을까요?

똑똑해 보이고 싶을 때 읽는 배경지식

경제를 움직이는 짝꿍과 라이벌

#대체재 #보완재

대체재란 서로 대신할 수 있는 상품을 말합니다. 예를 들어 돼지 농가에 전염병이 돌아 돼지고기 가격이 오르면, 사람들은 소고기를 더 많이 찾게 될 겁니다. 이런 경우, 소고기는 돼지고기의 대체재입니다. 반면, 함께 소비하면 더 좋은 상품을 보완재라고 합니다. 우리가 커피를 만들 때 설탕과 우유가 꼭 필요한 것처럼요. 휘발유와 휘발유 차량도 보완재입니다. 휘발유 값이 오르면 휘발유 차량을 사고 싶지 않겠죠. 그 대신 휘발유 차량의 대체재인 전기차의 수요는 늘어날 겁니다. 이처럼 대체재와 보완재의 개념을 잘 이해하면 시장에서 발생한 변화에 뒤따라 일어날 새로운 변화를 예측할 수 있습니다.

    이런 개념은 정책에도 중요하게 작용합니다. 공정거래위원회는 기업 간 합병이 시장 경쟁에 어떤 영향을 줄지 판단할 때 이 개념을 활용합니다. 예를 들어, 두 연예 기획사가 합병하려고 할 때, 이로 인해 한 소속사에 유명 연예인이 대거 속하게 되면 소속사가 방송사나 음악 플랫폼에 큰 영향력을 행사하게 될 가능성이 생깁니다. 연예 기획사와 음악 플랫폼이 합병하면, 이 기획사의 소속 가수만 플랫폼에 자주 노출하려는 일이 생길 수 있죠. 그래서 공정거래위원회는 플랫폼이 다른 기획사에서 제공한 음원들을 차별하지 않는다는 조건하에 합병을 허가할 수 있습니다.

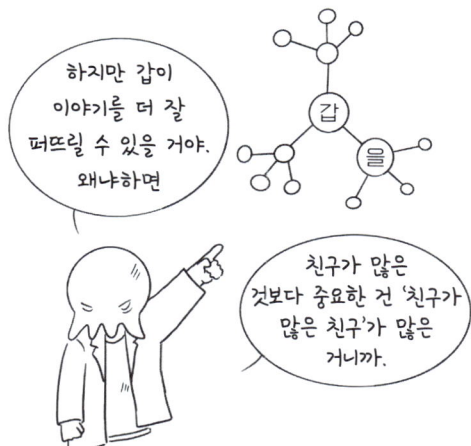

어떤 사람이 영향력 있는 사람일까요? 사회 연결망에서 영향력은 다른 사람들과 얼마나 잘 '연결'되어 있는지로 측정할 수 있습니다.

영향력은 본인의 친구 수뿐만 아니라 친구의 친구 수, 그리고 친구의 친구의 친구 수에 의해 결정됩니다.

결국 영향력 있는 사람, 즉 인플루언서는 다음과 같이 정의할 수 있어요. "인플루언서는 인플루언서 친구가 많은 사람이다."

인플루언서는 인플루언서 친구가 많은 사람이다? 순환 논리 아닌가요?

그렇게 보일 수도 있지만 사실 각자의 영향력에 대한 연립방정식으로 잘 표현할 수 있어.

알겠어요. 인플루언서가 날 팔로우하게 해서 가짜 뉴스를 퍼뜨려야겠어요.

야짜 야짜 파이팅!

"쉽지 않을 거야. 사람들은 비슷한 사람들과 어울리는 경향이 있는데"

"SNS에서도 마찬가지야. 인플루언서는 인플루언서들끼리만 팔로우하는 경향이 있어."

"인플루언서랑 친해지려면 인플루언서가 되어야 하는 건가요? 취업하려면 경력이 필요한데 취업을 해야 경력이 생기는 것처럼?"

WHAAAT ?!

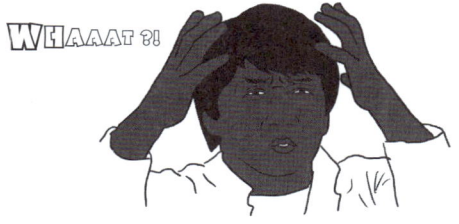

"사실 또 다른 문제가 있는데"

긁적

괜히 미안하네

또요?

던컨 와츠(1971~)
미국의 사회학자

'바이럴 마케팅(입소문 마케팅)'이라는 개념이 유행했었죠. 하지만 뭔가가 SNS에서 바이럴하게 (viral, 바이러스처럼) 퍼진다는 이미지는 매력적이지만 현실과는 거리가 멉니다.

전파(전염)에 관한 모형에서 핵심적인 개념은 '전염재생산지수 R'입니다. 한 명의 '감염자'가 몇 명의 새로운 감염자를 만들어내는지 보여주는 숫자죠.

예를 들어 R이 2라면, 한 명의 감염자가 두 명을 새로 감염시킨다는 의미입니다. 한 사람이 두 사람에게 루머를 퍼뜨리는 거죠. R이 1보다 크면 '바이러스'가 퍼지고, 1보다 작으면 사그라듭니다.

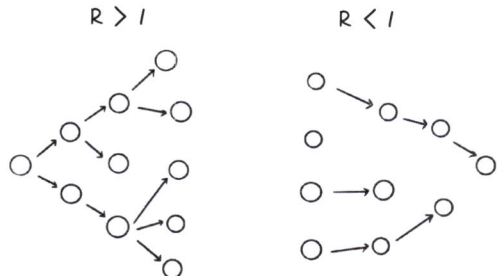

SNS상의 거의 모든 이야기는 R이 1보다 작습니다. 확산되지 못하는 거죠. 왜냐하면 이야기를 보고 듣는 것에 비해 그 이야기를 다른 이에게 전하는 건 훨씬 힘들고 귀찮거든요.

시난 아랄(1974~)
미국·터키의 경영학자

어떤 이야기나 포스팅이 바이럴하게 퍼지려면
영향력 있는 사람들이 그걸 전파해야겠죠.
저는 어떤 사람들이 영향력 있는지,
그리고 누가 영향을 잘 받는지 분석해봤습니다.

분석 결과, 영향력 있는 사람은 다른 사람들에
비해 영향을 덜 받는 것으로 나타났습니다.
인플루언서는 이야기를 전달하는 걸 더 귀찮아
한다는 거죠. R이 대체로 1보다 작은 이유입니다.

그렇구나

유명한 사람이 더 쉽게
유명해지는 이유는 뭘까?

코로나19가 유행하던 당시, 모든 사람이 하루에 한 번은 이런 질문을 던졌습니다. "코로나, 대체 언제 끝날까?" 그에 대한 정확한 답은 아무도 몰랐지만, 학자들은 그 답을 추측해보려고 노력했습니다. 그때 사용된 핵심 개념이 바로 '전염재생산지수(혹은 감염재생산지수)'입니다. 이는 한 명의 감염자가 몇 명의 새로운 감염자를 만드는지 보여주는 숫자죠.

예를 들어 R이 2라면, 한 명의 감염자가 평균적으로 두 명을 새로 감염시킨다는 의미입니다. R이 1보다 크면 바이러스가 확산되고, 1보다 작으면 사그라듭니다(코로나19의 초기 R은 3~5 정도였다고 합니다. 홍역의 R은 12~18 정도이고, 2014년에 유행한 에볼라는 1.5~2.5 정도였죠). 이때 R은 평균값입니다. 그러므로 어떤 사람은 아무도 감염시키지 않고, 또 어떤 사람들은 굉장히 많은 사람을 감염시킬 수 있다는 뜻입니다.

이때 평균보다 많은 사람을 감염시키는 이를 '슈퍼 전파자 superspreader'라고 합니다. 슈퍼 전파자는 누구일까요? 나이, 성별, 종교, 소득 수준이 다양하겠지만, 슈퍼 전파자는 기본적으로 '친구'가 많은 사람입니다.

인터넷이 보급되기 전에는 대부분의 사람이 오프라인에서 주변 사람들과 교류했습니다. 그러다 인터넷이 상용화되면서 우리는 온라인에서 얼마나 많은 사람과 만나게 되었을까요? 오늘날에는 수천 명 이상의 온라인 친구를 가진 사람을 찾기 어렵지 않습니다. 이들은 온라인상의 '슈퍼 전파자'들이죠. 유명인에 대한 가십, 맛집 정보, 새로 나온 영화에 대한 평가는 이들의 입과 키보드를 통해 널리 퍼집니다.

그래서 사회 연결망을 분석할 때는 누가 그 연결망에서 가장 영향력이 큰지 먼저 관심을 두게 되죠. 이때 영향력이 큰 사람은 단순히 친구가 많은 사람이 아닙니다. 그에 더해 친구의 친구, 친구의 친구의 친구가 많은 사람입니다. 그러니까 친구가 적은 사람도 그의 친구들이 인기 있는 사람들이라면, 그를 영향력이 큰 인플루언서로 볼 수 있습니다.

내 친구들은 나보다 친구가 많다

'친구 관계의 역설friendship paradox'이라는 수학적 사실이 있습니다. '내 친구들은 나보다 친구가 많다'는 말(P라고 부릅시다)에 대해 생각해봅시다. 이 말에 동의하시나요? 많은 사람이 그렇다고 느낄 겁니다. 친구 관계의 역설에 따르면, 평균적으로 P는 참이거든요. 전 세계에서 무작위로 한 사람을 뽑아 조사하면 높은 확률로 그 사람은 그의 친구들보다 친구가 적을 겁니다. 이상하죠? 그래서 '역설'입니다. 하지만 이는 엄연한 수학적 사실입니다.

왜 이런 이상한 현상이 나타날까요? 친구가 많은 사람 a와 친구가 적은 사람 b를 상상해봅시다. 각각의 친구 집합을 A와 B라고 했을 때, A 혹은 B에 속한 어느 한 개인은 A에 속할 확률이 높을까요, B에 속할 확률이 높을까요? 정답은 A입니다. 왜냐하면 A에 더 많은 사람이 있으니까요. 바꿔 말하자면 a를 친구로 둔 사람이 더 많다는 거고, 그만큼 많은 사람이 a 같은 친구를 보면서 "내 친구들은 나보다 친구가 많구나"라고 생각한다는 겁니다.

코로나19를 거의 전파하지 않은 감염자가 있었던 것처럼, 온라인 세상에도 친구가 적은 사람이 많습니다. 사실 그런 사람이 훨씬 많죠. 인플루언서에 비해 눈에 잘 띄지 않을 뿐입니다. SNS는 평균 친구 수를 엄청나게 높이는 동시에 친구 수의 불평등도 극적으로 높였다고 할 수 있습니다. 그 결과, 사회적 영향력의 격차도 커지고 있습니다.

10화. 사람들이 가짜 뉴스를 듣고 싶어 한다고?

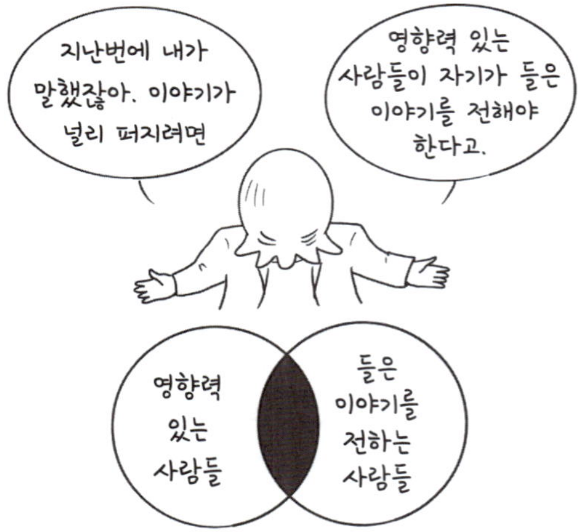

던컨 와츠(1971~)
미국의 사회학자

널리 퍼진 이야기 중 SNS로만 퍼진 이야기는 드뭅니다. 대부분의 경우 일부 집단에 퍼진 이야기를 매스미디어(티브이, 신문)가 보도하면서 널리 확산되었죠.

아항! 가짜 뉴스를 떠뜨리려면 기자 친구를 사귀면 되겠네요!

내가 괜한 이야기를 했고만.

...

근데요, 교수님. 좀 다른 얘긴데

사람들은 진실을 알고 싶어 하잖아요.

그리고 요새 매체가 진짜 많아서 경쟁도 치열하고요.

매체 간 경쟁이 심해지면 가짜 뉴스도 쉽게 탄로 나니까

가짜 뉴스가 퍼지기 힘든 것 아닌가요?

거짓말!

《경제학 만화》 꿀잼

오! 좋은 질문!

먼저 진실에 왜곡이 일어나는 원인을 공급 측 원인 그리고 수요 측 원인, 이 두 가지로 나눠서 생각해볼까?

안드레아 프랫(1967~)
이탈리아의 경제학자

공급 측 원인은 누군가 왜곡된 사실을 전파하고 싶어 하는 걸 말해요. 예를 들어 독재 정부가 언론 매체를 포섭해서 자기 입맛에 맞는 뉴스만 전달하려고 할 수도 있겠죠.

독립적인 언론 매체가 많다면 독재 정부가 그 모든 매체를 포섭하긴 어려울 거예요. 매체 간 경쟁이 강하면 가짜 뉴스는 오랫동안 살아남지 못할 겁니다.

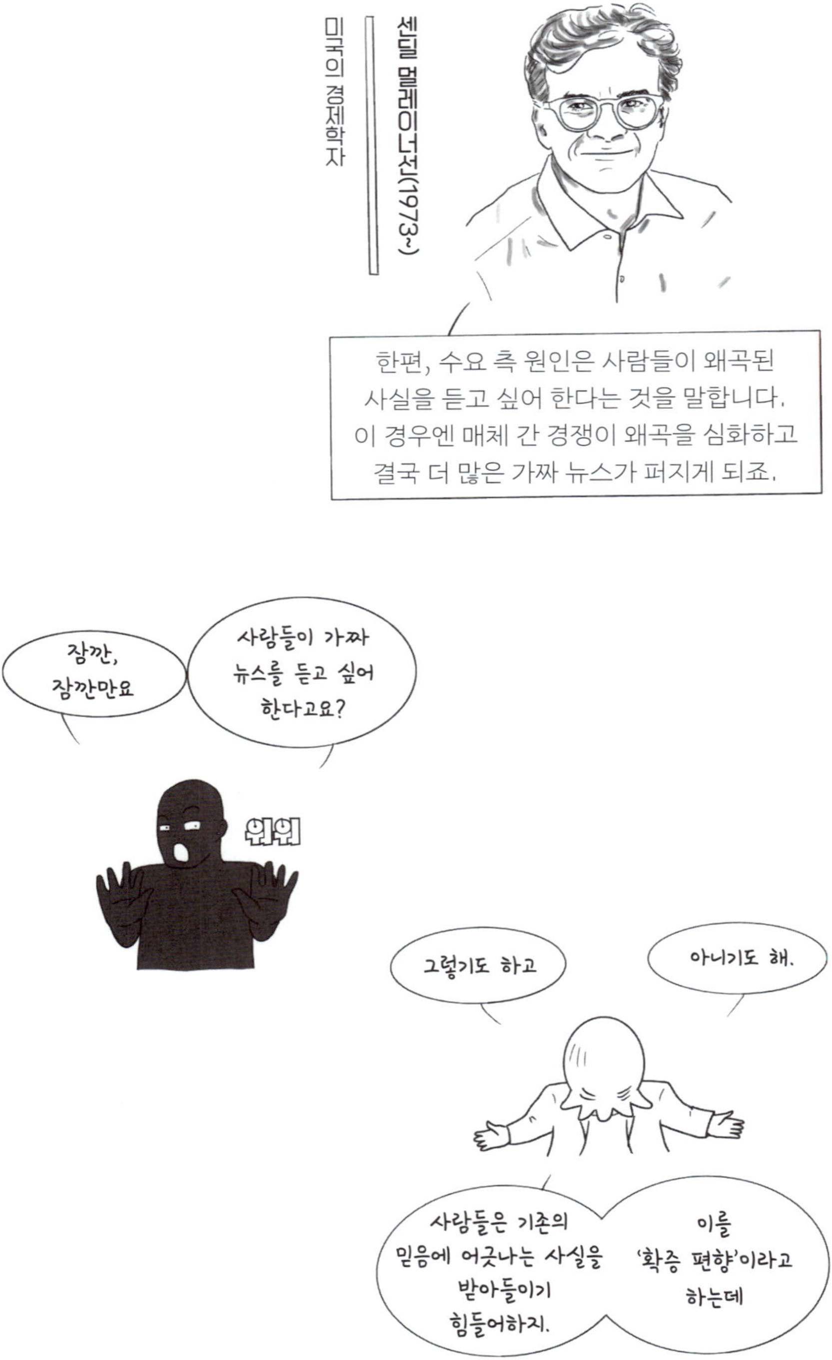

미국의 경제학자 센딜 멀레이너선(1973~)

한편, 수요 측 원인은 사람들이 왜곡된 사실을 듣고 싶어 한다는 것을 말합니다. 이 경우엔 매체 간 경쟁이 왜곡을 심화하고 결국 더 많은 가짜 뉴스가 퍼지게 되죠.

잠깐, 잠깐만요

사람들이 가짜 뉴스를 듣고 싶어 한다고요?

워워

그렇기도 하고

아니기도 해.

사람들은 기존의 믿음에 어긋나는 사실을 받아들이기 힘들어하지.

이를 '확증 편향'이라고 하는데

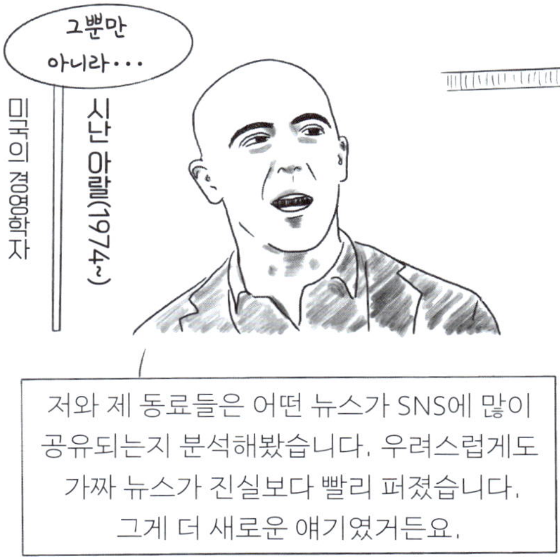

뉴스 시장에서 승리하는 건 진실일까, 거짓일까?

17세기 영국의 사상가 존 밀턴은 언론과 출판의 자유를 옹호하며 이렇게 말했습니다. "진실과 거짓이 서로 다투게 하라. 자유롭고 개방된 대결에서 진실이 지는 걸 본 적이 있는가?" 밀턴과 그의 후예들은 언론의 자유가 있는 환경에서의 경쟁이 사회 전체에 이로운 결과를 가져올 것이라고 믿었습니다. 이 믿음에 따르면 경쟁적인 미디어 환경에서는 거짓 정보가 범람하더라도 누군가는 진실을 옹호합니다. 과연 시장 경쟁은 가짜 뉴스를 몰아낼 수 있을까요?

먼저 뉴스가 어떻게 왜곡될 수 있는지 생각해봅시다. 많은 뉴스 미디어에는 주인이 있습니다. 이들은 '언론사주'라고 불립니다. 예를 들어 미국의 폭스 뉴스, 스카이 뉴스 등을 소유한 미디어 재벌 '루퍼트 머독' 같은 사람이 있죠. 만약 머독이 자신의 정치적 입맛에 맞게 뉴스 미디어의 보도를 왜곡하려고 하면 어떤 일이 생길까요?

만약 지금 시장이 머독의 뉴스 미디어만 존재하는 독점 시장이라면, 머독은 큰 어려움 없이 뉴스를 조작할 수 있습니다. 하지만 다양한 미디어가 존재하는 경쟁 시장에선 그게 쉽지 않죠. 경쟁자가 머독이 뉴스를 왜곡했음을 지적하면, 시청자들은 경쟁자의 뉴스를 더 신뢰하게 될 겁니다. 결국 머독의 뉴스 미디어는 시청자를 잃게 되고, 시청자가 줄어들면 기업의 수익도 줄어들고, 머독의 주머니도 더 가벼워지겠죠.

광고는 뉴스 미디어의 주요 수입원입니다. 그러므로 뉴스 미디어는 광고주의 의견에 영향을 받을 수밖에 없죠. 이때 광고주는 그 뉴스의 내용보다 얼마나 많은 잠재적 고객이 그 미디어를 보고 있는지에 관심이 많습니다. 경쟁적인 미디어 환경에서 자칫 조금이라도 잘못했다가는 다수의 시청자를 잃을 수 있는데요. 그런 일이 생기면 광고주는 바로 시청자가 더 많은 다른 미디어에 광고하려고 하겠죠. 결국 중요한 건 광고주의 정치적 견해가 아니라 시청자의 선택이라는 겁니다.

이렇게 보면 시장 경쟁이 뉴스를 감시하고, 정치적 입김이나 광고주의 영향으로부터 어느 정도 자정 작용이 가능할 것처럼 보입니다. 하지만 꼭 그렇진 않습니다. 앞서 말했듯이 뉴스 미디어의 입장에서 중요한 것은 시청자의 선택입니다. 그래서 뉴스 미디어는 시청자 입맛에 맞게 뉴스 보도를 왜곡하려는 경향이 있고, 이는 시장 경쟁이 심할수록 강해집니다. 만약 뉴스 소비자들이 지루하고 암울한 진실보다 흥미롭고 자극적인 거짓을 원한다면 뉴스 미디어는 기꺼이 그러한 거짓을 제공할 겁니다.

왜곡된 정보와 소비자의 선택

이러한 지점을 잘 보여주는 연구가 있습니다. 경제학자 매튜 젠츠코우와 제시 샤피로는 미국 주요 일간 신문이 보도한 정치 뉴스를 분석했습니다. 그리고 신문의 정치적 편향(보수, 진보, 중도)은 언론의 소유주보다는 독자들에 의해 좌우된다는 것을 발견했습니다.

이 말은 곧, 시장 경쟁은 뉴스를 제공하는 공급 측의 정보 왜곡을 감소시킬 수 있다는 겁니다. 그러나 만약 수요 측이 왜곡을 원한다면 시장에서 살아남기 위해 뉴스의 왜곡은 더 심해질 수 있습니다. 정리하자면 뉴스 미디어가 가짜 뉴스를 보도하는 이유는 소유주의 의도보다는 그걸 원하는 소비자 때문입니다.

진실은 언젠가 거짓을 이긴다는 존 밀턴의 믿음은 오늘날에도 타당할까요? 아주 긴 시간을 두고 본다면 그의 믿음은 사실일지도 모릅니다. 어느 순간 사람들은 거짓을 믿지 않게 될 수도 있습니다. 가짜 뉴스의 거짓이 팩트 체크(사실 확인)를 통해 언젠가는 밝혀지는 것처럼요.

하지만 그 '언젠가'가 오기 전까지, 거짓은 쉽게 세상에 활개 치며 사회에 큰 해악을 끼칠 수 있습니다. 그 해악을 최소화하기 위해 우리가 할 수 있는 일은 바로 의심하는 자세를 지니는 것입니다. 뉴스 미디어를 의심하고, 나아가 뉴스 소비자인 우리 자신의 믿음을 의심하는 자세 말이죠.

정치 뉴스 소비자들은 왜 믿고 싶은 것만 믿을까?

'가짜 뉴스'라고 하면 어떤 게 떠오르시나요? 저는 일부 정치인이나 정치적 극단주의자들이 상대편을 비방하기 위해 선정적인 거짓 정보를 날조하는 모습이 떠오릅니다. 왜 다른 분야에 비해 유독 정치 분야에서 가짜 뉴스를 흔히 접하게 되는 걸까요? 가짜 뉴스의 생산자와 소비자 측면에서 이 이유를 함께 생각해봅시다.

먼저 가짜 뉴스의 생산자를 상상해봅시다. 나쁜 놈들이죠. 처벌할 수 있다면 좋겠지만, 누가 처음 가짜 뉴스를 퍼뜨렸는지 찾는 일은 쉽지 않습니다. 그리고 너무 성급하게 처벌하면 언론의 자유를 침해할 우려도 있습니다. 가짜 뉴스 생산자에 대한 비난은 잠시 접어두고 그들의 동기를 헤아려봅시다. 마치 범죄자를 분석하는 프로파일러처럼요.

가짜 뉴스를 퍼뜨리는 이유는 단순합니다. 그렇게 하면 자신에게 이득이 생기기 때문이죠. 정치에서 가짜 뉴스를 통해 상대편의 인기를 떨어뜨리면 우리 편이 이득을 볼 수 있습니다. 그게 가짜 뉴스를 생산하는 동기가 될 수 있겠군요. 하지만 아무리 가짜 뉴스를 열심히 만들어도, 믿어줄 사람이 없다면 아무 소용이 없습니다. 그래서 생산자에게 가장 중요한 건 가짜 뉴스를 소비해줄 사람을 찾는 일일 겁니다.

유독 정치판에서 가짜 뉴스가 판치는 이유

이야기의 초점을 다시 뉴스 소비자로 옮겨봅시다. 정치에선 우리 편과 상대편이 나뉘어 싸우죠. 그럴 때마다 상대편을 깎아내리고 싶은 마음이 들기 마련입니다. 하지만 그렇더라도 진실 여부를 따져가면서 상대편을 비판해야 하는 것 아닐까요? 왜 정치 뉴스의 소비자들은 정보의 진위를 엄격히 따져보지 않는 걸까요? 거꾸로 질문해보죠. 우리는 어떨 때 정보의 진위를 엄격하게 따질까요?

그건 바로 자신의 결정에 대한 책임을 홀로 져야 하는 순간입니다. 사기꾼이 가짜 정보로 유혹하면서 나의 지갑을 털어가려고 할 때 우리는 속지 않기 위해 눈을 부릅뜹니다. 영화 〈스윙 보트 Swing vote〉에는 이런 장면이 나옵니다. 미국 대통령 선거에서 개표 결과 두 후보가 같은 수의 표를 얻었고, 주인공의 한 표가 다음번 미국 대통령을 결정하게 됩니다. 그래서 주인공은 누구를 대통령으로 만들지 엄청 고심하게 되죠. 이처럼 결과의 책임이 오롯이 '나'에게 있을 때, 사람은 진실과 거짓을 구분하기 위해 최선을 다합니다.

하지만 이런 영화적인 상황을 제외하곤 누구도 다음번 대통령, 국회의원, 도지사, 시장을 홀로 선택할 수 없습니다. 수많은 시민이 함께 결정하죠. 그러니까 나쁜 대표자를 뽑더라도 그건 나만의 책임은 아닙니다. 다른 사람들이 가짜 뉴스를 믿고 투표하는 이상 '나'도 굳이 진실을 판별하기 위해 최선을 다할 필요가 없을지도 모릅니다. 내 입맛에 맞는 뉴스, 기존에 믿어온 신념에 부합하는 정보만 받아들이면 오히려 편하겠죠. 그게 진실과는 거리가 먼 정보라고 할지라도요.

정리하자면, 정치 분야에선 뉴스 소비자들이 진실 여부와 상관없이 상대편을 깎아내리고 싶어합니다. 그때 잘못된 믿음과 잘못된 선택에 대한 책임은 혼자 지지 않아도 됩니다. 그래서 정치 분야에 가짜 뉴스가 유독 많다고 이해할 수 있습니다.

정치에서 가짜 뉴스를 몰아낼 수 있을까요? 쉽지 않은 문제입니다. 하지만 불가능하다고 단언하지 맙시다. 뉴스 소비자들의 작은 실천이 우리나라 정치에 큰 변화를 가져올 수도 있습니다. 우선 '우리 편이 무조건 옳다'는 태도를 버리는 것이 가짜 뉴스 타파의 출발점이 될 수 있을 겁니다.

PART 04
경제학으로 미래를 예측한다고?

11화. AI 시대, 인간은 대체 뭐 해 먹고 사나?

AI 화가가 미술 대회 우승!
인간은 이제 뭐 해 먹고 사나?

참 쉽죠?

아, 진짜 뭐 하며 먹고살아야 할까요? 사람이랑 경쟁하는 것도 힘든데 이제 AI까지···.

음··· AI가 잘 못하는 걸 하면 되지 않을까? AI를 잘 활용하는 일이나?

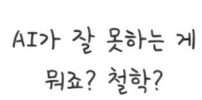
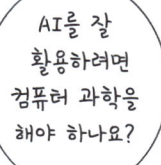

음...
먼저 AI가 뭔지부터 이야기해볼까?

얘기 길어지겠네.

관련 기술이 빠르게 발전하고 있으니 언제 뭐가 어떻게 변할지 모르지만

요새 각광받는 AI는 데이터에 기반한 '예측 기계'야.

조슈아 갠스(1968~)
호주·캐나다의 경제학자

인공지능은 예측 기계입니다. "대한민국의 수도는?"이라는 질문에 "서울"이라고 답할 때 인공지능은 인간이 할 만한 대답을 예측한 겁니다.

'데이터에 기반한 예측'이란 이런 겁니다.
① 학습: 먼저 데이터의 패턴을 잘 파악할 수 있는 방법(예를 들어 '머신러닝')을 이용해서 데이터(예를 들어 인터넷상의 문서들)의 패턴을 파악합니다.

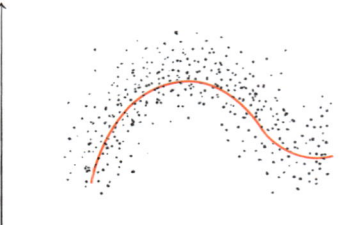

② 예측: 관심 있는 조건("대한민국의 수도는?")을 설정하고 그 조건에서 나올 만한 결괏값("서울")을 예측합니다.

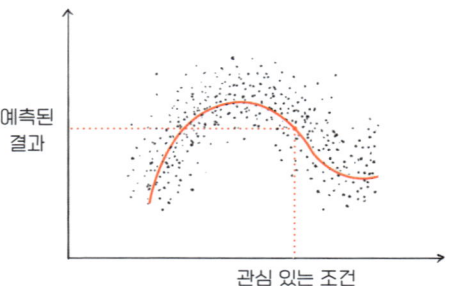

멋진 그림을 그리는 것은 매우 복잡한 과정이지만,
마찬가지로 간단하게 요약할 수 있어요.
① 학습: 수많은 이미지 데이터의 패턴 파악
② 예측: 인간이 입력한 프롬프트(요청 혹은 질문)에
맞는 이미지 데이터를 예측

현재 각광받는 AI의 본질이 데이터에 기반한 예측이니까

그걸 이해하면 AI의 가능성과 한계를 알 수 있겠지.

예측 기계는 데이터가 풍부한 영역에선 잘 작동하지만, 데이터가 부족한 영역에선 잘 작동하지 않아요. 그럴 땐 인간의 직관과 이론적 상상력이 필요합니다.

비슷한 패턴의 업무가 반복되는 일자리는
많은 데이터가 쌓여 있으니까 AI로 대체되기 쉽다고 하지.
그리고 고소득 직종(예를 들어 변호사, 회계사)도 위험해.
왜냐하면 소비자 입장에서는 AI로 대체하는 게
경제적으로 이득이 될 테니까.

반면에 복잡하고 불규칙한 업무는
AI가 대체하기 어렵지.

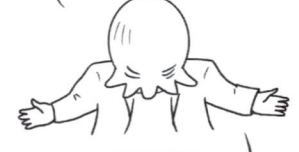

물론 복잡하다는 것도
상대적인 것이고, 언젠가는 충분한
데이터가 쌓여서 AI에 대체될 수도
있겠지만.

잠깐!

왜 AI가
인간을 꼭 대체할 것이라고
생각하는 거죠?

> 대런 아제모을루(1967~)
> 튀르키예·미국의 경제학자

> 새로운 기술은 인간을 대체할 수도, 보완할 수도 있습니다. 어떤 기술을 개발하고 사용할지는 우리가 선택할 문제죠. AI도 마찬가지예요. AI가 인간을 대체하는 게 정해진 운명은 아닙니다.

> 산업혁명 초기, 섬유 산업에서 기계는 인간을 모방하고, 인간의 노동을 대체했습니다. 하지만 19세기 미국의 공업화 시기엔 기계와 인간이 유기적으로 협력하는 생산 시스템이 도입되었고, 이후 노동자의 생활 수준은 향상되었습니다.

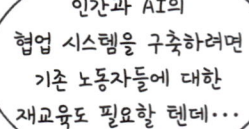

인간과 AI의 협업 시스템을 구축하려면 기존 노동자들에 대한 재교육도 필요할 텐데…

기업 입장에서 굳이 그러려고 할까요?

아까 이야기한 것처럼 AI는 만능이 아니야.

인간과 AI가 힘을 합치는 게 더 효율적이라면 기업 입장에서도 거부할 이유가 없겠지.

인간과 AI는 이런 식으로 협력할 수 있습니다. 예측 기계는 예측을 하고 인간은 의사 결정을 합니다. 예를 들어 AI는 오늘 비가 올지 예측하고, 인간은 오늘의 스케줄을 고려해서 우산을 들고 갈지 말지 결정하는 거죠.

비가 많이 오는 지역은 사람들이 습관성으로 우산을 들고 다니죠. 이때 AI로 인해 예측의 비용이 낮아지면 사람들은 그 관성에서 탈피해서 더 많은 의사 결정 (우산을 들고 갈지 말지)을 내릴 수 있습니다.

예측 기계의 가치는 인간의 의사 결정력 (혹은 판단력)을 만나야 비로소 실현되는 겁니다. 그런 의미에서 예측 기계의 예측과 인간의 판단력은 상호 보완적입니다.

인간과 AI는 공존할 수 있을까?

기술 발전은 우리 삶을 편하게 만들어주었지만, 그 이면에는 어두운 그림자도 공존합니다. AI(인공지능)도 마찬가지죠. 인간의 지능을 뛰어넘은 AI가 인간을 지배하거나 멸종시킨다는, 이른바 '터미네이터 시나리오(영화 〈터미네이터〉에서 유래한 표현으로, 인간과 기계 사이의 물리적 대립을 예측한 시나리오)'를 우려하는 사람들도 있습니다. 하지만 많은 전문가는 이런 시나리오가 비현실적이고 쓸데없는 걱정이라고 여깁니다. 그리고 현실적인 위협은 AI가 인간을 죽이는 게 아니라 인간을 쓸모없게 만드는 거라고 말하죠.

기술 발전으로 사라진 일자리는 이미 많습니다. 산업혁명 시기에 개발된 방적기와 방직기는 실과 천, 옷을 만들던 직공들의 자리를 빼앗았습니다. 20세기 초엔 트랙터와 콤바인이 널리 보급되면서 농부들이 설 자리가 줄었습니다. 로봇은 공장과 창고에서 인간의 노동을 대체했습니다. 무인 키오스크는 서비스 종업원을, 자율 주행 기술은 화물 트럭 운전자를 대체하고 있습니다. 성능이 좋은 기계가 개발될수록 더 많은 일자리가 사라지는 것처럼 보입니다. 결국 인간이 실업자가 되는 시대, 그게 인류의 미래일까요?

2024년 노벨경제학상을 수상한 다론 아제모을루와 사이먼 존슨은 AI가 인간의 노동을 대체하는 게 정해진 미래는 아니라고 주장합니다. 기술 발전의 역사를 잘 살펴보면, 언제나 다양한 과학 지식과 기술이 경쟁적으로 연구되어 왔습니다. 그중 어떤 기술이 필요한 기술로 개발되고 상용화되는지는 그 시대의 시장 상황이나 사회적 요구에 따라 정해졌습니다.

만약, 인간을 대체하는 AI 기술만 계속 개발된다면 많은 사람이 일자리를 잃겠죠. 하지만 인간을 중심에 놓고, 인간을 보완해줄 수 있는 AI 기술을 개발하고 활용한다면 어떨까요? 아마도 인간 노동력의 생산성이 더 높아질 겁니다. 노동의 생산성이 향상되면 일자리가 더 많이 생겨날 수도 있고요. 그래서 아제모을루와 존슨은 강조합니다. 기술 발전 경로는 외길이 아니기에 손 놓고 구경만 하면 안 된다고요. 앞으로 어떤 AI 기술을 개발하고 사용할지 더 많은 사람의 관심과 논의가 필요하다고 말이죠.

더 나은 의사 결정을 위한 더 나은 예측

그렇다면 AI는 어떻게 인간을 보완할 수 있을까요? 이에 대한 힌트는 어제이 애그러월, 조슈아 갠스, 애비 골드파브의 논의에서 얻을 수 있습니다. 이들은 현세대 AI를 '예측 기계'라고 부릅니다. AI의 본질은 머신러닝 기법으로 풍부한 데이터를 분석하고, 이를 바탕으로 새로운 상황에서 벌어질 일을 예측하는 것이라는 거죠. 이들에 따르면 누구든 어디에서나 AI를 쉽게 이용할 수 있다는 것은 예측의 가격이 낮아진다는 의미입니다. 예측 비용이 낮아지면, 기존에 예측을 사용하지 않던 곳에서도 예측을 사용할 수 있습니다. 예측이 더 널리 쓰일수록, 질적·양적으로 좋은 의사 결정을 할 수 있고요.

예를 들어 개별 소비자에 대한 데이터가 없는 영화관은 다수에게 인기 있는 영화를 상영할 수밖에 없습니다. 소비자는 그 영화를 볼지 말지만 결정할 수 있을 뿐이죠. 하지만 영화 스트리밍 서비스는 소비자의 시청 데이터를 활용해 맞춤형 영화를 추천할 수 있죠. 소비자는 더 넓은 선택지를 통해 더 만족스러운 의사 결정을 할 수 있게 됩니다.

이처럼 AI의 예측과 인간의 의사 결정은 서로를 보완합니다. 예측을 활용하지 않는 사람과 조직은 정해진 규칙에 따라 행동할 수밖에 없지만, AI를 잘 활용한다면 상황에 맞는 최선의 결정을 내릴 수 있습니다. 예측은 의사 결정의 가치를 높이고, 의사 결정은 예측의 가치를 완성시킵니다. 왜냐하면 미래 상황을 예측해도 그것을 활용하지 않는다면 예측하는 의미가 없을 테니까요.

인간이 더 많은 정보를 기반으로 더 좋은 의사 결정을 내릴 수 있는 조직은 더 많은 가치를 만들어낼 겁니다. 주어진 상황에 유연하고 효율적으로 반응할 테니까요. 새로운 기술로 인해 인간의 가치가 더 높아지는 미래를 그려봅니다.

데이터는 기업의 것인가, 소비자의 것인가

AI가 잘 작동하려면 많은 데이터가 필요합니다. 데이터가 풍부해지고 이를 활용하는 기술이 발전하면서, 데이터는 오늘날 많은 기업 활동에서 중요한 역할을 하게 되었습니다. 어떤 이들은 데이터가 새로운 석유라고 하기도 합니다. 석유처럼 중요한 생산요소라는 거죠. 그렇다면 그 석유는 누구의 것일까요?

예를 들어 어떤 소비자의 활동과 취향을 보여주는 데이터는 그 소비자의 것일까요? 아니면 그 데이터를 모은 기업의 것일까요? 그 기업이 데이터를 모아서 분석하지 않았다면 그 정보는 활용되지 않았을 테니 기업이 소유권을 주장할 수 있지 않을까요?

이런 예도 생각해봅시다. AI 서비스를 제공하는 A 기업이 유명 배우 B의 목소리 데이터를 학습시켜 AI가 그 배우와 같은 목소리를 갖게 된다고 해보죠. A 기업이 그런 식으로 사람들의 목소리를 동의 없이 사용해도 괜찮을까요? A 기업이 여러분의 허락 없이 목소리 데이터를 가져다 쓴다면 여러분은 어떠실 것 같나요? 배우 B의 목소리 데이터는 그 배우의 것이라고 생각하는 편이 자연스럽지 않나요?

이런 문제들에 대해 모두가 동의하는 분명한 결론은 아직 없는 것 같아요. 미래에는 데이터를 어떻게 활용할 수 있고, 그 결과 우리의 삶이 어떻게 달라질 수 있는지 불분명하고요. 프라이버시가 얼마나 중요한지에 대한 가치관도 사람마다 다르니까요. 하지만 언젠가는 우리가 데이터의 소유권에 대한 결정을 내려야 할 때가 올 겁니다. 그때 생각해보면 좋을 이슈 몇 가지를 함께 알아봅시다.

먼저 프라이버시 문제를 고려해야 합니다. 인간은 자신의 행동이 타인에 의해 관찰당하거나 기록되어 의도치 않은 결과가 생길지도 모른다는 걱정 없이 살아갈 수 있어야 합니다. 모든 데이터 수집이 개인의 프라이버시를 침해하는 것은 아니지만, 프라이버시를 침해할 위험이 있는 경우도 많습니다. 이런 관점에서 보면 개인이 자신의 데이터를 소유하고 관리할 수 있어야 할 것 같습니다.

프라이버시 문제와 비슷하지만 좀 다른, 저작권 문제도 있습니다. AI는 블로그, SNS 게시물, 동영상 클립, 일러스트 등 개인의 저작물 데이터를 학습하기도 합니다. 저작권자의 동의 없이 저작물을 무단으로 복제하거나 가공하여 2차 저작물을 만드는 건 일반적으로 불법입니다. 하지만 여기엔 넓은 회색 지대가 있습니다. 예를 들어 한 소설가가 다른 소설가의 작품에 영향을 받아서 자기 작품을 쓰는 것과 AI가 다양한 소설을 학습하여 새로운 소설을 쓰는 상황을 비교해봅시다. 전자는 허용해도 되고, 후자는 허용하면 안 되는 걸까요? 후자를 허용할 수 없다면 그 이유는 무엇일까요?

데이터 소유권으로 인해 발생할 문제들

개인 정보를 보호하는 것도 중요하지만, 효율적으로 데이터를 활용하는 것도 중요하겠죠. 이때 중요하게 고려해야 하는 건 정보와 데이터는 '비경합적非競合的, non-rival'이라는 겁니다. 비경합성은 소비자가 늘어나더라도 기존 소비자들의 소비량이 줄지 않는 속성을 의미하죠. 예를 들어 C가 한 작가의 소설을 읽고 있다고 해서 D가 그 소설을 읽을 수 없는 것이 아닙니다. 이는 C가 사과 하나를 먹으면 D는 그 사과를 먹을 수 없는 것과 대비됩니다(즉, 사과는 경합적입니다).

정보와 데이터는 여러 사람에게 가치 있는 비경합적 자원입니다. 그렇기에 누군가가 그 정보를 독점하는 것보다 널리 공유되는 편이 사회적으로 이롭습니다. 이 사실을 고려하면 누구에게 데이터의 소유권을 주는 게 좋을까요? 기업일까요, 아니면 소비자일까요?

기업은 자신이 생산한 데이터를 독점하려는 경향이 있습니다.

그래야 경쟁자보다 앞서 나갈 수 있기 때문이죠. 반면 소비자는 자신에게 이롭다면 기꺼이 여러 기업과 데이터를 공유하려고 할 겁니다. 정보와 데이터는 비경합적이기에 소비자들에 의해 공유된 데이터들은 여러 기업의 생산성을 동시에 높일 수 있을지도 모릅니다.

이 외에도 생각해봐야 할 문제는 많습니다. 데이터의 집중에 따른 부의 집중(혹은 부의 불평등) 문제라든지, 개인이 데이터 소유권을 포기할 때 그에 대해 공정하게 보상하는 문제라든지 말이죠. 쉽게 답을 찾을 수 없을지도 모르지만, 우리가 회피할 수 없는, 앞으로도 너무나도 중요한 문제들입니다.

12화. 부루마블은 원래 불공정한 게임이야

그래서 싸우셨다…

흠흠. 이런 추태를….

모노폴리는 원래 불공평한 게임이야.

이름부터 모노폴리 (monopoly, 독점 판매)잖아.

부루마불이라고 불리기도 하지만.

우연히 좋은 땅을 갖게 된 사람이 계속 돈을 버는 게임이지.

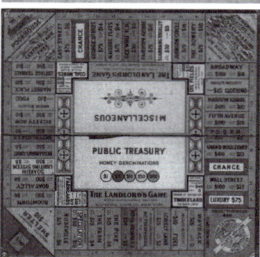

그 게임의 원래
이름은 지주 게임
(The Landlord's
Game)이었어.
원래는 두 가지
세팅이 있었지.

지주 게임?
요즘 말로는 건물주 게임?

'독점' 게임과 서로 협력해서 번영을 이루는 게
목적인 '번영' 게임. 번영 게임에선 토지 이용료(지대)를
땅 주인이 아니라 정부에 내는 거야.
그렇게 걷힌 세금은 모두에게 분배되지.

지대 → 독점 → 땅 주인
지대 → 번영 → 국세청

엘리자베스 매기
(1866~1948)
미국의 게임 디자이너.
사회 운동가

토지 독점의 문제를 지적한
헨리 조지의 사상을
게임으로 알리고 싶었습니다.

헨리 조지라면 그… '토지가치세'를 주장한 사람 아닌가요?

너 왜 갑자기 똑똑하냐….

헨리 조지(1839~1897)
미국의 정치가·경제학자

경제가 발전해도 빈곤이 지속되는 이유가 뭘까요? 도시가 개발되면 그 이익을 땅 주인이 모두 가져가기 때문이죠. 그런 불로소득은 세금으로 환수해야 합니다.

모노폴리 게임을 생각해보세요. 우연히 토지를 소유하게 된 사람은 토지 이용료로 돈을 벌어서 소유지를 늘려가고, 못 가진 사람은 결국 파산하게 되죠.

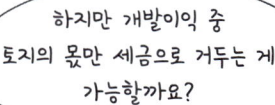

미국의 법학자 | 에릭 포스너(1965~)

맞습니다. 소수에 의한 토지 독점은 여러 비효율성을 초래할 수 있습니다. 독점 문제의 해결책은 시장 거래를 활성화하는 거죠.

미국의 경제학자 | 글렌 웨일(1985~)

토지에 대한 소유권은 그걸 이용할 권리와 다른 사람을 배제할 권리를 포함합니다. 타인을 배제할 권리를 제한하는 것, 그것이 '공동소유'의 의미입니다.

'공동소유'란 사유재산을 폐지하는 게 아닙니다. 다만 소유자가 자신이 소유한 자산을 항상 매물로 내놓아야 한다는 겁니다. 예를 들어 갑이 자신에게 5억 원의 가치가 있는 부동산을 10억 원에 내놓았다고 해보죠.

갑에겐 5억 원만큼의 사용가치가 있는 이 부동산이 을에겐 8억 원만큼의 사용가치가 있다고 해보죠. 갑이 더 많은 돈을 벌기 위해 을을 배제한다면, 자원이 비효율적으로 배분된 겁니다.

'자기평가세'는 스스로 제시한 가격(호가)에 비례해서 보유세를 내야 하는 제도입니다. 갑이 부동산을 10억 원에 내놓았으니, 예를 들어 세율이 5%라면 보유세는 5천만 원이 되겠죠. 가격을 5억 원으로 낮춘다면 세금은 2천 5백만 원으로 낮아집니다.

기존 제도로는 정부가 평가한 가격에 따라 세금이 부과됩니다. 갑이 부동산을 5억 원에 내놓든 10억 원에 내놓든 상관 없죠. 반면 공동소유 자기평가세에 따르면 갑이 스스로 제시한 가격에 비례해서 세금을 내기 때문에 그 부동산이 갑에게 얼마나 가치 있는지가 시장에 자연스럽게 공개됩니다.

일은 열심히 하는데
왜 가난할까?

〈렌트Rent〉라는 뮤지컬을 아시나요? 가난한 예술가들이 뉴욕의 비싼 집세를 감당 못 해서 겪는 이야기…라고 하면 너무 건조하게 들리네요. 여기서 제목인 '렌트'는 지대地代라는 뜻입니다. 대략 집세, 임차료라는 의미로, 토지나 건물을 빌릴 때 그 소유주에게 지불하는 돈입니다. 아무 일도 하지 않고, 그저 땅을 소유하고 있기만 해도 생기는 소득이죠.

이번엔 관점을 좀 바꿔서 지대가 아닌 소득에는 무엇이 있을까요? 노동의 대가로 주어지는 임금, 생산적으로 활용된 자본에서 얻는 이윤이 있습니다. 그러니까 소득은 그 원천에 따라 임금, 이윤, 지대로 구분되고, 이들은 각각 생산에 필요한 세 가지 주요 투입요소, 즉 노동, 자본, 토지에 대응합니다.

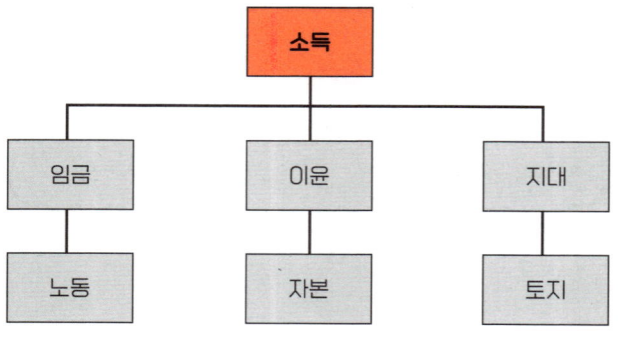

소득의 구성 요소와 생산요소

조선시대에는 지주가 땅을 빌려주면 소작인이 농사를 지어 얻은 수확물을 절반씩 나눠 갖는, '병작반수'라는 관행이 있었습니다. 농부 입장에서는 힘들게 농사지어서 얻은 수확물 중 절반을 지대로 지불하는 건 정말 힘 빠지는 일이었을 겁니다. 달리 말하자면, 지대가 너무 높으면 노동 의욕이 떨어집니다. 현대 사회에서도 건물 임대료가 너무 높으면 결국 가게가 망하죠. 그런 의미에서 지나치게 높은 지대는 경제활동을 방해한다고 할 수 있습니다. 생산적인 활동을 하는 사람들이 받아야 할 대가를, 뒷짐 지고 구경만 하던 사람이 받는 것은 부당해 보이기도 합니다. 그래서 애덤 스미스 이래로 경제학자들은 지대에 대해서 다소 부정적인 태도를 취해왔습니다.

우리나라에서 소작 제도는 법으로 금지되었지만, 지대 문제는 여전히 유효합니다. 예를 들어, 하나의 독점 기업이 은행에서 돈(자본)을 빌려서 장비를 구매하고, 노동자를 고용해서 생산과 영업을 한다고 해봅시다. 이 기업은 독점 기업이기 때문에, 판매 가격을 생산 비용보다 훨씬 높게 매길 수 있습니다. 그래서 대출 이자와 임금을 지불한 후에도 상당한 이윤이 남습니다. 이 이윤을 초과 이윤 supernormal profit이라고 부르기도 하고, 경제적 지대 economic rent라고 부르기도 합니다. 정상적인 수준의 임금과 이윤을 제외한 나머지를 지대로 보는 것이지요.

이처럼 경제적 지대는 특정 재화나 자산을 독점으로 통제할 수 있는 힘에서 발생하는 소득입니다. 전통적인 의미의 지대도 이 범주에 포함되죠. 즉, 경제적 지대는 전통적 지대를 포함한 더 넓은 개념입니다. 전통적 지대가 그랬듯, 경제적 지대를 추구하는 행위도 경제활동을 방해할 수 있습니다. 예를 들어 독점 기업이 더 큰 경제적 지대를 얻기 위해 제품 가격을 크게 올리면, 시장에선 거래량이 줄어들겠죠. 이는 곧 생산량 감소로 이어지고 더 나아가 고용량 감소와 제품 소비자가 줄어드는 결과로 이어집니다. 자원이 낭비되는 거죠.

결국 오늘날 우리가 지대 문제에 주목해야 하는 이유는 단지 불공정해서가 아닙니다. 그것이 자원의 효율적인 배분을 방해하고 경제 전체의 활력을 떨어뜨릴 수 있기 때문입니다.

경제적 지대 문제에 대한 한 가지 해결책

법학자 에릭 포즈너와 경제학자 글렌 웨일은 책 《래디컬 마켓》에서 '공동소유 자기평가세'라는 방안을 제안합니다. 이는 경제적 지대를 추구하는 행위로 인한 비효율성을 최소화하기 위한 방안 중 하나입니다. 유일한 방안도 아니고 경제학자 대다수의 지지를 받는 특별한 방안도 아니지만, 우리가 현대 경제학 이론에 기반하여 어떻게 새로운 제도를 고안할 수 있는지 보여주는 흥미로운 사례입니다.

포즈너와 웨일의 문제의식은 두 가지입니다. 첫째, 소유권은 타인을 배제할 권리를 포함하고 있고, 이로 인해 경제적 지대를 추구하는 행위가 발생한다는 겁니다. 예를 들어, 제가 어느 시골에 땅을 갖고 있다고 해보죠. 정부에서 새 도로를 건설하기 위해 제 땅을 매입하려고 하는데, 저는 그 땅을 안 팔겠다고 버틸 수 있습니다. 제가 그 땅의 소유권을 갖고 있다는 건 땅에 대한 독점적인 통제권을 갖고 있다는 것이고, 다시 말해 타인(여기선 정부)의 접근을 배제할 권리를 갖고 있다는 겁니다.

저는 정부에게 제 땅을 사고 싶다면 평당 1000만 원을 내라고 제안합니다. 그보다 싼 가격엔 절대 팔지 않겠다고요. 이렇게 타인을 배제할 수 있는 힘을 지렛대 삼아서 더 큰 경제적 지대를 추구하는 거죠. 정부는 결국 제 땅을 매입하지 않고 다른 땅을 매입해서 도로를 건설합니다. 그로 인해서 도로가 일직선이 아닌 구불구불한 모양이 된다면 그건 모두에게 불행한 일일 겁니다.

공동소유 자기평가세에서 '공동소유'라는 부분은 이 문제의식과 관련됩니다. 이 제도에 따르면 저는 제 땅에 항상 적정 가격을 매겨 시장에 매물로 내놓아야 합니다. 안 팔겠다고 버틸 수 없는 거죠. 타인의 접근을 배제할 권리를 제한해서 경제적 지대를 추구하는 행위를 누그러뜨리는 겁니다.

두 번째 문제의식은 '정보의 비대칭성'과 관련 있습니다. 앞선 사례로 돌아가보죠. 정부는 제가 제 땅을 얼마나 가치 있게 여기는지 모릅니다. 저도 정부가 제 땅을 매입하기 위해 얼마까지 지불할 용의가 있는지 모릅니다. 이와 같은 정보 비대칭성으로 인해 서로에게 이익이 되는 거래를 이루지 못할 수도 있습니다. 도로가 쭉 뻗지 못하고 구부러지는 거죠. 비대칭 정보가 사라진다면 둘 다 이익을 얻는 거래를 할 수 있을 겁니다. 그렇다면 어떻게 저만 가지고 있는 정보, 즉 그 땅이 저에게 얼마나 가치 있는지를 공개하게 만들 수 있을까요.

여기서 '자기평가세'라는 개념이 등장합니다. 자기평가세는 스스로 제시한 가격(호가)에 비례한 액수의 세금을 낸다는 아이디어입니다. 참고로 우리나라의 토지보유세는 소유자가 제시한 가격이 아니라 정부가 평가한 토지의 가치에 따라 부과됩니다.

제가 만약 제 땅을 아주 높은 가격에 매물로 내놓으면, 저는 그에 비례하는 액수의 세금을 내야 합니다. 예를 들어 세율이 5%인데 평당 1000만 원에 매물로 내놓는다면, 저는 평당 50만 원의 세금을 내야 하는 거죠. 그 땅이 저에게 그 정도로 큰 가치가 있는 땅이 아니라면 세금을 덜 내기 위해 가격을 낮출 겁니다. 평당 100만 원으로 가격을 낮추면 세금도 평당 5만 원으로 낮아지겠죠. 반대로 저에게 매우 가치 있는 땅이라면 높은 세금을 감수하고서라도 가격을 높게 매길 겁니다. 그래야 제 땅을 지킬 수 있으니까요. 결

내가 생각하는 땅 가격	세율	내가 내야 하는 세금
1평 = 1000만 원	5%	1평 = 50만 원
1평 = 100만 원	5%	1평 = 5만 원

땅의 가치에 따라 달라지는 세금

과적으로 각자에게 그 땅이 얼마나 가치 있는지가 시장에 자연스럽게 공개되고, 그 땅은 시장 거래를 통해 땅을 가장 가치 있게 사용할 사람에게 돌아갈 겁니다.

포즈너와 웨일은 이 제안이 현실에 곧바로 도입하기엔 불완전하다는 것을 인정합니다. 다만 현실의 부동산 문제를 해결하기 위한 논의를 원한다고 할 뿐이죠.

마지막으로 한 가지 정정할 것이 있습니다. 정부가 도로를 건설하기 위해 토지를 매입할 때, 토지 소유자는 안 팔겠다고 버틸 수 없습니다. 토지 보상법에 따라 감정평가사가 보상가격을 정하면, 이에 합의하거나 이의를 신청할 수 있을 뿐이죠. 이는 개인의 소유권이 공공 목적에 의해 어느 정도 제한될 수 있음을 보여주는 사례이기도 합니다.

13화. 최저임금이 오르면 정말 실업률이 높아지나요?

교수님, 전 자라면 안 되나요? 실업률이 높아지는 게 정말 제 탓인가요?

최저임금입니다.

그래··· 최저임금이 오르면 실업률도 오른다는 건 상식이지.

기업(즉, 노동 수요)과 노동자(즉, 노동 공급)가 모두 많은 경우에 임금과 임대료 등을 지불하고 나면 남는 게 별로 없는 수준으로 장사하는 기업들이 있거든. 그럴 때 임금이 오르면…

임금이 오를수록 그 수준의 임금을 주고 많은 노동자를 고용하려는 기업의 수는 줄어들 거야. '노동수요곡선'은 그런 패턴을 보여주지.

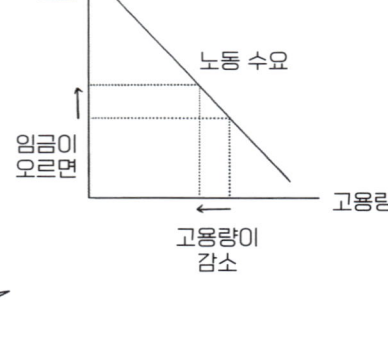

미국의 경제학자 데이비드 카드(1956~)

최저임금 인상이 고용량(실업률)에 미치는 효과를 정확히 측정하는 건 쉽지 않습니다. 임금이 올라서 고용이 줄어든 건지, 아니면 다른 요인(예를 들어 거시 경제 상황)이 영향을 준 건지 분명하지 않거든요.

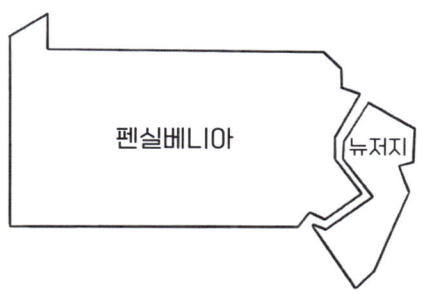

저와 앨런 크루거는 인접한 두 지역인 뉴저지와 펜실베이니아에서 패스트푸드 산업의 고용 변화를 분석했습니다. 1992년에 뉴저지의 최저임금은 인상되었지만, 펜실베이니아의 최저임금은 변하지 않았습니다.

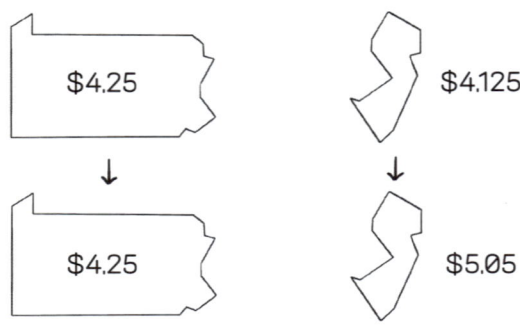

그래서 1992년 전후로 두 지역의 고용 변화를 분석하면
마치 실험을 한 것처럼 최저임금 인상의 효과를
정확히 알 수 있죠. 이렇게 비슷한 두 사회가 우연히
다른 조건에 처했을 때 서로 어떻게 달라지는지
분석하는 것을 '자연 실험'이라고 합니다.

앨런 크루거(1960~2019)
미국의 경제학자

통념에 의하면 패스트푸드 산업은 최저임금
인상으로 고용에 타격을 입는 산업이지만, 놀랍게도
최저임금이 상승해도 고용은 줄지 않았어요.

통념과 다르게 많은 노동시장에서 수요 측은 공급 측만큼 경쟁적이지 않아요. 수요독점 시장에선 수요 측이 가격(노동의 가격은 임금)을 결정할 수 있는 힘이 있습니다. 그럴 땐 최저임금이 올라도 고용이 줄지는 않았어요.

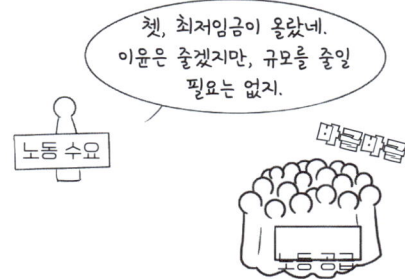

시장 임금 수준을 결정할 수 있는 힘을 가진 기업이 임금을 낮추기 위해 고용을 줄인 상황에서 최저임금이 오르면, 오히려 고용량이 증가할 수도 있습니다. 왜냐하면 어차피 임금을 원하는 만큼 낮출 수 없게 된 이상 억지로 고용을 줄일 필요도 없어지니까요.

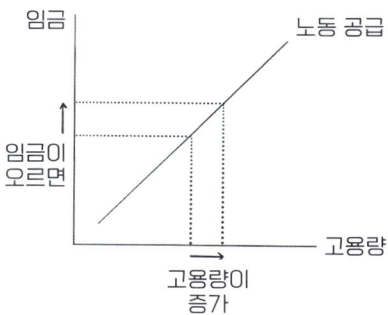

아르헨티나의 경제학자 | 호세 아잘르

노동시장의 수요독점력이 최저임금의 효과를 결정합니다. 많은 기업이 경쟁적으로 노동자를 고용하는 시장에선 최저임금이 오르면 고용량이 감소했습니다. 하지만 수요독점적인 노동시장에선 정확히 그와 반대였죠.

우리의 1994년 연구 이후에도 많은 연구가 최저임금 인상이 고용에 미치는 영향이 평균적으로 매우 작다는 것을 보여줬습니다.

 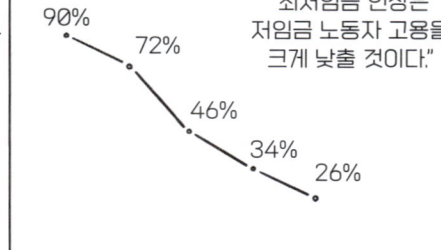

경제학계의 시각도 그에 따라 변해왔습니다.

최저임금은 시장에 어떤 영향을 미칠까?

 최저임금은 근로자가 일상을 영위하는 데 필요한 최소한의 금액을 임금으로 보장하기 위해 정한 금액입니다. 호세 아자르와 그의 공저자들은 2023년 발표한 연구에서 미국의 저임금 노동시장을 분석했는데요. 최저임금의 효과는 산업별 노동시장의 '수요독점력'에 따라 달라진다는 것을 밝혀냈습니다. 경쟁적인 노동시장에선 최저임금이 인상될 경우 고용량이 줄었지만, 수요독점적인 노동시장에선 오히려 고용이 증가하기도 했습니다. 최저임금이 상승하면 고용이 증가한다는 건 기존의 통념과 완전히 반대되는 놀라운 사실이죠. 이를 이해하려면 '경쟁 시장competitive market'과 '수요독점 시장monopsony'이 어떻게 다른지부터 알아야 합니다.

 경제학에서는 가장 먼저 수요와 공급 개념을 배웁니다. X자로

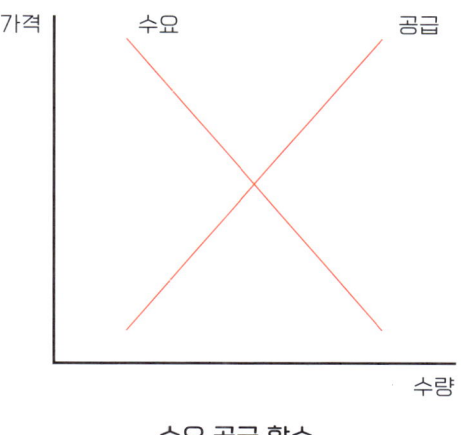

수요 공급 함수

    교차하는 수요함수와 공급함수를 다들 한 번쯤은 보셨을 겁니다. 이때 중요한 건, 수요함수와 공급함수는 오직 '경쟁 시장'에서만 성립한다는 사실입니다. 왜 그럴까요? 수요함수는 '주어진 가격하에 얼마만큼 수요(혹은 소비)할지'를 나타내는 함수입니다. 예를 들어, '어떤 물건의 가격이 1000원이면 얼마나 살까' '2000원이면 얼마나 살까' 같은 질문의 답을 좌표에 찍고, 그 점들을 이은 것이 수요곡선입니다. 노동 수요함수도 마찬가지예요. '시급이 1만 원이면 몇 명을 고용할까' '1만 5000원이면 얼마나 고용할까' 하는 질문에 대한 답을 함수로 나타낸 것이죠.

    여기서 핵심은 '주어진 가격하에'라는 조건입니다. 이 말은 곧 소비자 혹은 기업이 '시장 가격에 영향을 미칠 수 없는 상태'라는 뜻입니다. 특정 소비자나 기업이 시장 가격에 영향을 미칠 수 있다면, 그들은 주어진 가격을 순순히 받아들이지 않고 스스로 가격을 조정하려 할 것입니다. 이때 그들의 행동을 이해하기 위해 수요함수라는 개념은 부적절합니다.

그렇다면 소비자 혹은 기업은 언제 시장 가격에 영향을 줄 수 없을까요? 그건 바로 경쟁자가 많아 시장 경쟁이 치열할 때입니다. 왜냐하면 더 싸게 사기 위해 가격을 낮춰 부르면 다른 구매자가 더 높은 가격에 구매하겠다고 나설 테니까요. 결국 자기 뜻대로 시장 가격을 정할 수 없을 겁니다. 이럴 때 소비자나 기업은 시장에 형성된 가격을 주어진 것으로 받아들이고 거기에 맞춰 구매하려고 하겠지요. 바로 이럴 때 수요함수가 유의미한 개념이 됩니다.

노동시장도 마찬가지입니다. 노동자를 고용하려는 기업이 많아서 노동시장에서의 경쟁이 치열하면, 기업들은 시장에 형성된 임금을 주어진 것으로 받아들이고 그에 맞춰 얼만큼 고용할지 결정할 겁니다.

공급함수의 경우도 공급자가 많으면 공급자들 간의 경쟁으로 인해 어느 누구도 시장 가격을 마음대로 정할 수 없습니다. 이처럼 누구도 가격을 좌지우지할 수 없는 시장을 (완전)경쟁 시장이라고 부릅니다.

경쟁 시장과 수요독점 시장에서의 최저임금 효과

지금까지의 설명을 읽어도 알 듯 말 듯한가요? 자연스러운 겁니다. 왜냐하면 아직 경쟁 시장의 반대 개념, 즉 '독점 시장 monopoly' 혹은 '수요독점 시장'을 설명하지 않았으니까요. 경쟁 시장에는 수요자와 공급자가 매우 많지만, 독점 시장은 공급자가 단 한 명, 수요독점 시장은 수요자가 단 한 명뿐인 시장입니다. 독점 시장에서나 수요독점 시장에서나 독점자의 행동 방식은 유사한데요. 우리는 지금 노동시장에 관심 있으니까 수요독점 시장에 집중해서 이야기를 계속해봅시다.

한 지역에서 어느 산업의 노동시장이 수요독점 시장이라고 가정해보죠. 즉, 일자리를 찾는 노동자는 많은데 그들을 고용할 기업이 단 하나밖에 없는 겁니다. 이 기업의 행동을 이해하기 위해 필요한 개념은 노동 수요함수 개념이 아닙니다. 왜냐하면 노동 수요함수는 기업이 시장 임금 수준을 주어진 것으로 받아들인다는 가정하에 성립하는 개념인데요. 이 수요독점 기업은 임금을 주어진 것으로 받아들이지 않고, 스스로 임금 수준을 결정하려고 할 것이기 때문입니다. 그럴 수 있는 힘인 '시장 지배력 market power'도 있고요.

그렇다면 이 수요독점 기업은 어떻게 행동할까요? 이 기업은 경쟁 시장에서 형성된 임금 수준보다 더 낮은 임금을 주려 할 겁니다. 왜냐하면 임금을 낮추면 지출이 줄고, 이는 기업의 이윤 증가로 이어질 테니까요. 하지만 낮은 임금을 받고 일하고자 하는 사람의 수는 줄어들 겁니다. 노동 공급이 줄어드는 것이지요. 수요독점 기업은 이 상황을 어느 정도 감내할 수 있습니다. 다르게 말하자면 임금을 낮춰서 이윤을 높일 수 있다면 고용량을 줄여서라도 임금을 낮추고자 한다는 겁니다. 결과적으로 경쟁적인 노동시장과 비교하면 고용량은 더 낮을 것으로 예상할 수 있습니다.

이제 경쟁 시장과 수요독점 시장, 두 시장에서 최저임금 인상의 효과가 왜 다른지 비교해봅시다. 많은 기업이 노동자를 고용하기 위해 경쟁하는 경쟁적 노동시장에선 기업들이 노동 수요함수에 따라 이미 최대로 높은 수준의 임금을 지급하고 있습니다. 여기서 '최대로 높은 수준'이라는 말은 재료비, 임금, 임대료 등의 비용을 지불하고 남는 게 별로 없을 정도로 겨우겨우 운영 중이던 일부 기업들은 임금이 더 높아지면 장사를 접고 시장에서 나갈 정도로 높은 수준이라는 의미입니다. 이 상황에서 최저임금이 오르면 일부 기업은 그 비용을 감당하지 못합니다. 결국 장사를 접고 시장에서 나가겠죠. 그러면 노동시장의 수요가 감소하고, 결국 고용이 줄어드는 거죠. 이 상황은 노동 수요함수(※206쪽 참고)를 그려보면 잘 이해할 수 있습니다.

반면 수요독점 시장에선 앞서 살펴본 바와 같이 임금을 낮추기 위해 낮은 고용 수준을 유지하고 있었습니다. 조금 더 높은 비용을 감당할 수 있는 여력도 있고요. 이때 최저임금이 오른다면 수요독점 기업은 고용을 오히려 높일 수도 있습니다. 왜냐하면 어차피 임금을 원하는 수준으로 낮출 수 없게 된 이상 임금을 낮추기 위해 억지로 고용을 줄일 유인도 약해지기 때문이죠. 이 상황에서 노동 수요함수는 의미가 없습니다. 대신 노동 공급함수(※209쪽 참고)를 그려보면 수요독점 시장의 상황을 이해할 수 있습니다.

경제학에서도 실험이 필요한 이유

#자연 실험 #실험실 실험

2021년, 경제학자 데이비드 카드는 '자연 실험natural experiment'을 활용한 연구 업적을 인정받아 노벨경제학상을 수상했습니다.

우리는 보통 '실험'이라고 하면 과학자들이 실험실에서 실험 대상을 조작하고 통제하며 관찰하는 모습을 떠올립니다. 경제학에서도 이러한 실험이 필요합니다. 어떤 정책이 사람들의 경제활동에 바람직한 영향을 미치는지 알아내기 위해서 말이죠. 하지만 경제학 실험은 실험실에서 마음대로 변수를 조작하기 어렵습니다. 그래서 경제학자들은 오랫동안 경제학 실험이 불가능하다고 여겨왔죠.

하지만 카드를 비롯한 학자들은 현실 사회에서 실험과 유사한 조건이 자연스럽게 발생한다는 점에 주목했습니다. 대표적인 사례가 1992년 미국 뉴저지에서 일어난 최저임금 인상 사건입니다. 인접한 펜실베이니아는 최저임금에 변화가 없었기에 두 지역을 비교해 최저임금 인상이 고용에 어떤 영향을 미치는지 분석할 수 있었죠.

또 다른 사례로, 1980년 쿠바에서 미국 마이애미로 대량의 난민이 유입되었을 때 카드가 이 지역 노동시장 변화를 분석한 연구도 유명합니다. 그는 이민자가 급격히 늘어나도 임금 수준에 큰 영향을 주지 않는다는 사실을 밝혔고, 이는 난민에 대한 편견을 누그러뜨리는 데 기여했습니다.

이와 같이 자연 실험은 우연히 생긴 제도 변화나 충격을 활용해 특정 변수의 영향을 살펴보는 방법입니다. 연구자가 직접 환경을 조작하지 않아도 현실 속에서 통제된 비교가 가능할 때, 자연 실험은 정책 효과나 인과관계를 밝히는 강력한 도구가 됩니다. 최근에는 자연 실험과 함께 실험실 실험 lab experiment 도 경제학에서 널리 활용되고 있습니다.

14화. 도대체 세상이 왜 이렇게 불평등한지 아시는 분?

r > g? 이게 무슨 뜻인지 좀 더 설명해볼까?

네, 여기서 r은 자본수익률이에요.
100만 원을 투자하면 r×100만 원만큼
이자를 받는다는 뜻이에요.
그래서 원금과 이자를 합하면
다음과 같은 공식을 세울 수 있습니다.

100만 원 + 100만 원 × r = (1 + r) × 100만 원

그리고 g는 경제성장률이죠.
올해 100만 원 벌던 사람은 내년엔
100만 원×g만큼 더 벌어요.
그러니까 내년엔
(1+g)×100만 원만큼 버는 거죠.

100만 원 + 100만 원 × g = (1 + g) × 100만 원

쉽게 말해서 r은 투자한 돈이 불어나는 속도예요. 그리고 g는 보통 사람들의 소득이 늘어나는 속도고요. 그러니까 r > g라는 건 부자들의 재산이 보통 사람들의 소득보다 빠르게 증가한다는 거죠.

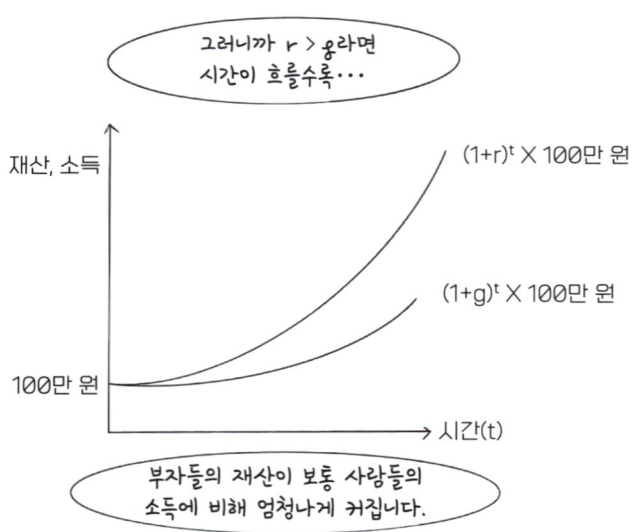

예를 들어 r이 5%이고, g가 2%라고 가정해보죠.
부자가 투자한 자본금 100만 원은 10년 뒤엔
163만 원, 100년 뒤엔 1억 3,150만 원이 됩니다.
반면 100만 원이었던 보통 사람들의 소득은
10년 뒤엔 122만 원, 100년 뒤엔 724만 원이 됩니다.

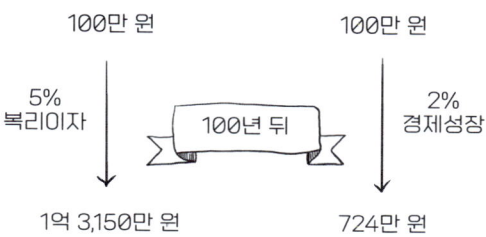

자본주의 역사에서 대부분의 기간 동안
자본수익률 r은 경제성장률 g보다 컸습니다.
그리고 r > g인 기간 동안 부의 불평등은
매우 심각해졌죠.

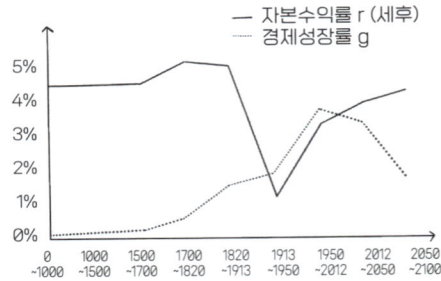

20세기는 예외적인 시대였습니다. 전쟁 후 경제를 재건하느라 성장률도 높았고, 세금도 높았어요. 그 결과 20세기엔 부의 불평등도 다소 완화되었죠.

피케티의 주장을 정리하자면 이렇습니다.

① 자본주의 경제에선 일반적으로 r > g 이다.
② r > g 이면 부의 불평등이 심화되고 여러 가지 문제가 생긴다.
③ 부의 불평등이 심화되지 않도록 전 세계적으로 자본세를 매겨야 한다는 거죠.

방대한 양의 데이터를 분석해서 부의 불평등이 심각해지고 있음을 보인 피케티의 업적은 인정할 수밖에 없지.

하지만 정말 그 모든 게 r > g 때문일까?

로렌스 서머스(1954~)
미국의 경제학자

장기적으로 r > g일 순 없어요. 성장이 둔화되면 자본 수익도 감소할 테니까요.

저와 제 동료들이 역사적 자료를 모아서 증명한 것이 바로 그겁니다. 장기적으로 r > g였다고요. 현실 부정하시는 건가요?

다론 아제모을루(1967~)
튀르키예·미국의 경제학자

최근 불평등 증가는 세계화와 기술 변동으로 설명할 수 있는 부분이 큽니다. $r > g$라는 현상보다는 왜 그런 현상이 나타나는지, 그 원인을 파악하는 게 더 중요해요.

그 말도 맞습니다···.

왜 부자만
계속 부자가 될까?

　빈부 격차는 많은 사람을 불행하게 만드는 심각한 경제·정치적 문제입니다. 만약 이 글을 읽는 여러분이 빈부 격차를 크게 체감하지 않고 있다면 다행입니다. 그건 여러분이 크게 부족함 없는 삶을 살고 있다는 뜻이니까요. 부유한 삶을 사는 사람에게는 가난이 잘 보이지 않지만, 가난한 사람에게는 자신이 가지지 못한 많은 것이 너무나도 잘 보입니다.

　그렇다면 왜 누구는 가난하고, 누구는 부유할까요? 앞으로 빈부 격차는 더 커질까요, 아니면 점차 줄어들까요? 이 질문들은 경제적 불평등의 원인이 무엇인지와 깊이 관련되어 있습니다. 그리고 이 질문에 대한 대답에 따라, 우리 사회의 부를 어떻게 분배하는 것이 옳은지에 대한 입장도 달라질 수 있습니다.

예를 들어 누구는 단지 운이 좋아서 부자가 되고, 누구는 운이 나빠서 가난해진다면 그건 부당하다고 느껴지겠죠. 이와 같이 개인의 노력보다 운에 따라 소득 수준이 결정된다면, 정부가 경제적 불평등을 해소하기 위해 적극적으로 개입해야 한다는 생각에 힘이 실릴 것입니다. 또 불평등이 점점 계속 심해져 사회적 문제가 커질 것으로 예상된다면, 이를 해결하기 위한 적극적인 노력이 필요하겠죠.

경제적 불평등이 생기는 원인은 무엇일까요? 이는 복잡하고 어려운 주제입니다. 사람마다 의견이 크게 갈리는 주제이기도 하죠. 경제학자 토마 피케티는 그의 책 《21세기 자본》에서, 자본수익률(r)이 경제성장률(g)보다 높은 것이 불평등의 주요 원인이라고 주장했습니다. 모두의 소득이 함께 늘어나는 것보다 특정 개인이나 계층의 소득이 빠르게 늘어날 때 불평등이 심화된다는 것이죠.

자본수익률이 경제성장률보다 높다는 건, 부자의 재산이 늘어나는 속도가 일반 사람의 소득이 늘어나는 속도보다 빠르다는 뜻입니다. 이러한 구조가 반복되면 자본주의 사회에서는 자연스레 불평등이 심화될 수밖에 없습니다. 피케티는 이런 현상을 "자본주의의 법칙"이라고 표현하며, "역사 대부분의 시기에서 r > g였다"고 주장합니다.

어떻게 균형을 찾을 수 있을까?

피케티의 책은 전 세계적으로 많은 주목을 받은 동시에 많은 경제학자가 피케티의 주장을 비판했습니다(물론 그에 못지않게 많은 이가 피케티의 주장을 지지했죠). 특히 피케티가 r > g이라는 현상의 경제·정치·제도적 원인을 분석하지 않고, 그걸 하나의 보편적인 법칙인 것처럼 서술해 비판이 쏟아졌습니다. 경제학자들은 오랫동안 자본수익률과 경제성장률을 결정하는 요인은 무엇인지에 관해 연구해 왔기 때문에 피케티의 분석이 피상적으로 보였을 겁니다.

한편, 최근 소득 불평등이 심화한 원인으로 세계화, 기술 변화, 노동조합의 약화 등이 언급됩니다. 세계화로 인해 값싼 공산품이 수입되면서 고소득 국가의 많은 노동자가 임금 삭감이나 실직을 겪었습니다. 기술 발전으로 인해 사람이 기계로 대체되는 일도 많아졌죠. 또 노동조합의 힘이 약해지면서 노동과 자본 사이 힘의 균형도 무너졌습니다.

피케티를 비판하는 사람들은 '자본주의의 법칙'을 찾는 것보다 이러한 구체적인 현실 속 문제를 분석하고 해결책을 찾는 것이 더 생산적이라고 생각하는 듯합니다. 어떻게 국제무역의 열매를 고르게 나눌 수 있을지, 어떻게 모두의 삶을 풍족하게 하는 기술 발전을 도모할 수 있을지, 어떻게 노동과 자본 사이의 균형을 복원할 수 있을지와 같은 문제 말입니다. 이런 질문들이야말로 오늘날의 우리가 진지하게 고민해야 할 문제라는 것이지요.

진짜 부자와 고연봉자의 차이는 뭘까?

불평등의 원인을 밝히고 해결하고자 하는 경제학자들의 연구는 오래전부터 이어져 왔습니다. 피케티 이전의 경제학자들도 불평등에 대해 꾸준히 연구해왔죠. 그중에서도 피케티의 연구가 유독 주목받은 이유는 무엇이었을까요? 그건 바로 피케티의 연구가 부(재산)의 불평등에 주목했기 때문입니다. 그 이전의 연구들은 주로 소득의 불평등에만 초점을 맞추고 있었거든요.

부와 소득의 관계부터 천천히 생각해봅시다. 한 달에 1백만 원을 버는 A 씨가 있습니다. A 씨는 3년간 일하면서 저축으로 1000만 원을 모았습니다. 이 예시에서 100만 원은 A 씨의 소득, 1000만 원은 A 씨의 재산(혹은 부)입니다. 경제학에서는 소득을 '유량', 재산을 '저량'이라고 부릅니다. 단어가 좀 어렵습니다만, 개념은 어렵지 않습니다. 수도꼭지를 틀어 욕조에 물을 받는 모습을 상상해보세요. 시간당 수도꼭지에서 나오는 물의 양이 유량, 욕조에 채워진 물의 양이 저량입니다.

이렇게 보면 부와 소득의 관계는 매우 단순해 보입니다. 하지만 둘의 관계는 꽤 복잡합니다. 왜냐하면 자본주의 사회에서는 돈이 돈을 벌기 때문이죠. 노동소득(근로소득) 외에도 저축이나 투자를 통해 버는 자본소득(이자, 배당 등)을 생각해야 합니다. 그래서 재산이 많은 사람은 가지고 있는 자산을 통해 버는 소득도 많습니다.

욕조에 물을 채운다고 했을 때, 누군가는 하나의 수도꼭지만 가지고 있고, 어떤 사람은 여러 개의 수도꼭지를 가지고 있다면 더 빠르게 욕조에 물을 채울 수 있는 사람은 후자겠죠. 그래서 일반적으로 소득의 불평등보다 부의 불평등이 훨씬 큽니다.

자본이 노동보다 더 큰 이익을 낸다

앞서 말했듯, 피케티 이전의 연구들은 대부분 소득의 불평등에 초점을 맞추고 있었습니다. 여러 가지 이유가 있었겠지만, 가장 중요한 이유는 재산보다 소득이 훨씬 더 측정하기 쉬웠기 때문이었을 겁니다. B 씨가 가진 부동산과 주식, 현금이 각각 얼마인지 조사하는 것보다 B 씨가 얼마만큼의 월급을 받는지 조사하는 게 훨씬 간단하죠.

그렇다면 피케티와 그의 동료 연구자들은 어떻게 사람들의 재산을 알아냈을까요? 바로 납세 데이터를 활용했습니다. 국세청은 막대한 인력을 동원해서 전 국민의 소득뿐만 아니라 재산도 조사합니다. 그러니 부의 불평등을 연구할 때, 납세 데이터보다 더 좋은 자료는 없겠죠. 하지만 최근까지 그 방대한 납세 데이터를 분석하는 것은 기술력과 정보 접근성 등의 문제로 거의 불가능한 일이었습니다.

피케티는 이 데이터를 분석해서 고소득 국가의 경제 최상위층이 얼마나 부유한지, 그리고 그들의 재산이 얼마나 빠르게 증가하고 있는지 보여주었습니다. 부자들은 소비도 많이 하지만, 그들이 버는 돈에 비해 지출은 상대적으로 적었습니다. 그래서 소득 대비 저축의 비중이 높고 큰돈을 저축하는 경우, 그에 따른 이자 등 자본소득도 커지죠. 이미 재산이 많은 부자의 재산은 거대하기 때문에 보통 사람들의 재산보다 더 빨리 증식합니다.

높은 자본수익률에 대한 우려를 담은 피케티의 이론도 이러한 맥락에서 나온 것입니다. 즉, 자본이 노동보다 더 높은 수익을 낳는 구조에서는 시간이 갈수록 불평등이 심화된다는 것이죠. 피케티가 제시한 '자본주의의 법칙'에 대해 비판적인 연구자들이 있지만, 그가 수행한 실증 연구, 즉 납세 데이터를 이용한 부의 불평등 연구에 대해서는 그들도 갈채를 보냅니다. 최상위층에 부가 집중되는 현실에 견제가 필요하다는 데에는 많은 경제학자가 대체로 공감하는 분위기랍니다.

참고 자료

참고 도서

- 김수현, 《개미는 왜 실패에도 불구하고 계속 투자하는가?》, 민음사, 2021
- 나카노 노부코, 《우리는 차별하기 위해 태어났다》, 동양북스, 2018
- 데이비드 그레이버, 《불쉿 잡》, 민음사, 2021
- 리처드 탈러, 《승자의 저주》, 이음, 2007
- 리처드 탈러, 《행동경제학》, 웅진지식하우스, 2021
- 마티아스 도프케, 파브리지오 질리보티, 《기울어진 교육》, 메디치미디어, 2020
- 매튜 잭슨, 《휴먼 네트워크》, 2021, 바다출판사.
- 버턴 말킬, 《랜덤워크 투자수업》, 골든어페어, 2020
- 아비지트 배너지, 에스테르 뒤플로, 《힘든 시대를 위한 좋은 경제학》, 생각의힘, 2020
- 앨런 크루거, 《로코노믹스》, 비쌩크, 2021
- 앨버트 라슬로 바라바시, 《성공의 공식 포뮬러》, 한국경제신문, 2019

- 어제이 애그러월, 조슈아 갠스, 아비 골드파브,《예측 기계: 인공지능의 간단한 경제학》, 생각의힘, 2019
- 에릭 포즈너, 글렌 웨일,《래디컬 마켓》, 부키, 2019
- 오은영,《불안한 엄마 무관심한 아빠》, 김영사, 2021
- 타일러 코웬,《4차 산업혁명, 강력한 인간의 시대2》, 마일스톤, 2017
- 토마 피케티,《21세기 자본》, 글항아리, 2014
- 폴 돌런,《행복은 어떻게 설계되는가》, 와이즈베리, 2015
- 헨리 조지,《진보와 빈곤》, 비봉출판사, 2016

참고 문헌

- Arindrajit Dube(2017), "Identification of minimum wage effects: The role of CWED-related research", paper presented at CWED Minimum Wage Symposium(conference presentation).
- Armin Falk, Anke Becker, Thomas Dohmen, Benjamin Enke, David Huffman, Uwe Sunde.(2018), "Global Evidence on Economic Preferences", Quarterly Journal of Economics 133(4), 1645-1692.
- Daron Acemoglu, James A. Robinson.(2015), "The Rise and Decline of General Laws of Capitalism", Journal of Economic Perspectives 29(1), 3-28.
- David Card, Alan B. Krueger.(1994), "Minimum Wages and Employment: A Case Study of the Fast-Food Industry in New Jersey and Pennsylvania", American Economic Review 84(4), 772-793.
- Debraj Ray.(2015), "Nit-Piketty: A Comment on Thomas Piketty's Capital in

the Twenty First Century", CESifo Forum 16(1), 19-25.

- Dilip Abreu, Markus Brunnermeier.(2003), "Bubbles and Crashes", Econometrica 71(1), 173-204.
- Duncan Watts, Jonah Peretti.(2007), "Viral Marketing for the Real World", Harvard Business Review.
- Milena Nikolova, Femke Cnossen.(2020), "What makes work meaningful and why economists should care about it", IZA Discussion Paper NO. 13112.
- Narayana R. Kocherlakota.(1998), "Money Is Memory", Journal of Economic Theory 81(2), 232-251.
- Nobuhiro Kiyotaki, Randall Wright.(1989), "On Money as a Medium of Exchange", Journal of Political Economy 97(4), 927-954.
- Nobuhiro Kiyotaki, Randall Wright.(1993), "A Search-Theoretic Approach to Monetary Economics", American Economic Review 83(1), 63-77.
- Paul Milgrom, Nancy Stokey.(1982), "Information, Trade and Common Knowledge", Journal of Economic Theory 26(1), 17-27.
- Paul Wolfson, Dale Belman.(2019), "15 Years of Research on US Employment and the Minimum Wage", LABOUR 33(4), 488-506.
- Sendhil Mullainathan, Andrei Shleifer.(2005), "The Market for News", American Economic Review 95(4), 1031-1053.
- Sinan Aral, Dylan Walker.(2012), "Identifying Influential and Susceptible Members of Social Networks", Science 337(6092), 337-341.
- Soroush Vosoughi, Deb Roy, Sinan Aral.(2018), "The spread of true and false news online", Science 359(6380), 1146-1151.
- Thomas Piketty.(2015), "Putting Distribution Back at the Center of

- Economics: Reflections on Capital in the Twenty-First Century", Journal of Economic Perspectives 29(1), 67-88.
- Timothy Besley, Andrea Prat.(2006), "Handcuffs for the Grabbing Hand? Media Capture and Government Accountability", American Economic Review 96(3), 720-736.
- William Sharpe.(1964), "Capital asset prices: A theory of market equilibrium under conditions of risk", Journal of Finance 19(3), 425-442.

참고 사이트

- OECD 국가별 근무 시간: https://www.oecd.org/en/data/indicators/hours-worked.html
- OECD 국가별 출퇴근 소요 시간: https://www.oecd.org/els/family/LMF2_6_Time__spent_travelling_to_and_from_work.pdf
- 글로벌 경제적 선호 조사: https://www.briq-institute.org/global-preferences/home
- 지주 게임 참고 : https://en.wikipedia.org/wiki/The_Landlord%27s_Game

뉴스가 어렵고 숫자에 약해도
이 정도만 알면 되는 경제학 만화

초판 1쇄 인쇄 2025년 9월 8일
초판 1쇄 발행 2025년 9월 29일

지은이 김상현
펴낸이 이경희

펴낸곳 빅피시
출판등록 2021년 4월 6일 제2021-000115호
주소 서울시 마포구 월드컵북로 402, KGIT 19층 1906호

ⓒ 김상현, 2025
ISBN 979-11-994010-6-8   03320

- 인쇄·제작 및 유통상의 파본 도서는 구입하신 서점에서 바꿔드립니다.
- 이 책의 전부 또는 일부 내용을 재사용하려면 반드시 사전에
  저작권자와 빅피시의 서면 동의를 받아야 합니다.
- 빅피시는 여러분의 소중한 원고를 기다립니다. bigfish@thebigfish.kr